I0081285

LÉONCE DE LAVERGNE

1809-1880

Ce volume a été déposé au ministère de l'intérieur (section de la librairie) en novembre 1904.

PARIS. — TYP. PLON-NOURRIT ET Cⁱᵉ, 8, RUE GARANCIÈRE. — 5961.

ERNEST CARTIER

ANCIEN BATONNIER

LÉONCE DE LAVERGNE

1809-1880

Avec un portrait

PARIS

LIBRAIRIE PLON

PLON-NOURRIT et Cⁱᵉ, IMPRIMEURS-ÉDITEURS

8, RUE GARANCIÈRE — 6ᵉ

—

1904

LÉONCE DE LAVERGNE

Il est des hommes qui, suivant un mot célèbre, ne remplissent pas tout leur mérite. Doués des plus heureuses facultés, faits pour briller sur la scène du monde, ils sont sans cesse arrêtés dans leur essor par les circonstances adverses.

Mais, pourvus d'un ressort extraordinaire, ils se raidissent contre les coups du sort et, se frayant à travers la vie une voie nouvelle, ils finissent par imposer leur supériorité et conquérir la renommée.

Telle a été la destinée de Léonce de Lavergne.

Tout d'abord diplomate et politique, sur le point d'atteindre le premier rang, il a vu sa carrière brisée par la révolution de 1848.

Improvisé par un tour de force intellectuel professeur d'économie rurale, un caprice peu explicable du second Empire lui a enlevé sa chaire au bout de deux ans.

La science lui restait; elle a été la consolation et l'ornement de sa vie; elle demeure son meilleur titre à l'applaudissement et à la reconnaissance de ses contemporains.

Rendu à la vie publique par les événements du 4 Septembre, il a bien vite repris dans la politique le rang qui lui appartenait.

Député à l'Assemblée législative, sénateur inamovible, il touchait au pouvoir lorsque la maladie l'a terrassé, enchaînant à jamais son activité et jetant sur les dernières années de sa vie un voile de tristesse.

Intelligence de premier ordre, esprit juste et fin à la fois, âme élevée, caractère indépendant, il avait toutes les qualités de l'homme d'État; il n'a pu se révéler sous cet aspect; il demeure aux yeux du monde intellectuel l'économiste, le savant, le brillant théoricien de l'agriculture. Ce n'est pas tout Lavergne, mais c'en est assez pour son renom et l'éclat de sa mémoire.

Louis-Gabriel-Léonce Guilhaud de
Lavergne était né à Bergerac le 24 janvier 1809.

Dans une notice destinée à sa famille,
il fait connaître en ces termes son origine :

« Mon grand-père était propriétaire
à Saint-Laurent-de-Ceris, arrondissement de Confolens (Charente), et
avocat.

« Il appartenait à cette portion du
tiers état qui prit au commencement
de la Révolution la direction du mouvement. Il fut un des rédacteurs des
cahiers de son ordre et joua un rôle actif

dans les élections de l'Assemblée cons-
tituante. Il s'appelait Guilhaud du Clu-
zeau.

« Il eut plusieurs enfants mâles et,
suivant l'usage du temps et du pays,
chacun d'eux se distingua par un nom
de terre. C'est ainsi que mon père s'appela Guilhaud de Lavergne.

« Un frère de mon père, qu'on appelait Guilhaud de Létanche, fut élu député de Montmorillon (Vienne) à l'Assemblée législative de 1791. Il fut pros-
crit au 10 août et obligé de se cacher
pendant la Terreur. Cinq de mes oncles
émigrèrent. Deux moururent dans l'émi-
gration. La famille entière eut à subir
les lois terribles rendues contre les émigrés et parents d'émigrés.

« Mon père était le plus jeune des fils. Surpris par cette tempête, il chercha un refuge dans les emplois publics. Il était employé dans les contributions quand il épousa à Montmorillon, en l'an X, Mlle Duguet, fille d'un propriétaire du pays.

« Un changement de résidence le conduisit à Bergerac (Dordogne), où je naquis le 24 janvier 1809. Un autre changement, car ils étaient fréquents à cette époque, les appela à Toulouse. C'est là que j'ai été élevé.

« Le modeste avoir de mes parents, déjà fort réduit par ces déplacements successifs, acheva de se perdre dans un essai d'exploitation de mine dans les Pyrénées.

« Mon enfance se passa dans une véritable gêne. La tendresse de ma mère y suppléa. »

Mme de Lavergne était en effet une personne très distinguée qui s'imposa de réels sacrifices pour donner à son fils l'éducation la plus brillante.

Au collège de Toulouse, où il faisait ses études, Lavergne remporta d'éclatants succès. Puis il fit son droit; mais ses goûts ne le portaient point vers les carrières juridiques. Les lettres avaient toutes ses prédilections.

La ville de Toulouse offrait sous ce rapport aux jeunes talents de précieuses ressources. Elle était le siège de la plus ancienne Académie de France, l'Académie des Jeux floraux, dont les prix justement réputés excitaient une vive émulation.

Lavergne les obtint tous successivement et, en 1840, il était décoré du titre très envié de mainteneur.

Un grand intérêt s'attache aux œuvres de jeunesse des hommes célèbres; elles contiennent le plus souvent les germes des talents qu'ils montreront plus tard.

Lavergne avait été couronné en vers et en prose. Sa poésie manque d'originalité, ce qui n'a rien d'étonnant; il n'avait guère plus de vingt ans. Elle est le reflet des inspirations du romantisme, alors dans sa plus grande faveur. On y sent l'imitation de Victor Hugo et d'Alfred de Vigny; mais le vers

est facile, l'image juste sans être forcée,
la pensée élevée, le souffle abondant.

On en jugera par ces extraits d'une
ode sur Attila, qui avait obtenu, disait
le palmarès, une amarante réservée :

Un jour des profondeurs du céleste silence,
Dieu fit dans son courroux tomber sa voix immense;
 Le monde ému trembla trois fois;
Les saints furent troublés; les anges se voilèrent;
De l'antique néant les bornes s'animèrent
 Au bruit fécond de cette voix;
Puis une âme en sortit, frémissante, éperdue,
Et sous les triples feux de l'éternelle nue
 Le Seigneur lui dicta ses lois.
Va! Je veux des humains punir enfin les crimes!
Mon bras à tes fureurs livrera des victimes;
 Je guiderai tes pas errants!
L'âme en frémit d'orgueil; dans sa joie homicide,
Son vol précipité l'emporta hors du vide,
 Au monde lointain des vivants.
Là, quand d'un corps hideux, elle anima la poudre,
Une voix d'en haut vint qui disait dans la foudre :
 « Attila, parais, il est temps! »

Et voici la dernière strophe :

Il mourut; loin des cieux alla tomber son âme,
Sa cour vit sur son front luire une sombre flamme ;
   Un cri s'échappa des enfers ;
Dans leurs antres alors tous ses peuples coururent ;
Son glaive et son coursier à la fois disparurent,
   Comme un feu qui meurt dans les airs.
Souvent des loups du Nord quelque bande égarée
Court, et de pas nombreux bat sa tombe ignorée
   Dans le silence des déserts.

La prose de Lavergne vaut mieux que ses vers.

Au concours de l'année 1829, il obtint le prix double pour l'éloge de Blanche de Castille.

Je ne saurais mieux faire que de reproduire le jugement que portait sur cette œuvre le secrétaire perpétuel de l'Académie des Jeux floraux, M. le baron de Malaret, dans son rapport sur le

concours, lu en séance publique du
3 mai 1829 :

« Ce discours réunit au mérite d'un
style clair, harmonieux, correct, des
connaissances historiques étendues, des
vues neuves et profondes, des peintures
de mœurs d'une vérité parfaite. L'auteur
a considéré l'éloge de l'auguste Régente
dans ses rapports avec la situation politique et morale de l'Europe. Il la représente résistant aux usurpations de la
féodalité et aux injustes prétentions de
la cour de Rome.

« Cette manière large d'envisager son
sujet lui a fourni des rapprochements
heureux, des portraits animés et des
aperçus philosophiques d'un grand intérêt. »

La littérature ne donne, en général, que des fruits tardifs, et, en attendant, il fallait vivre.

Mme de Lavergne avait ouvert un magasin de librairie, auquel son fils adjoignit une imprimerie.

Cette combinaison avait l'avantage de lui permettre de fonder un journal qui fut l'un des instruments de sa fortune politique : le *Journal de Toulouse*.

La direction de cette feuille, qui ne tarda pas à obtenir dans la région une influence considérable, ne l'absorbait pas tout entier; doué d'une grande activité et d'une rare facilité de plume, il écrivait de nombreux articles dans les journaux locaux et notamment dans la *Revue du Midi*.

Déjà la politique extérieure l'attirait ;
il étudiait plus particulièrement la question espagnole, si brûlante alors ; on
était au plus fort de la guerre carliste.

Toulouse était un centre pour les réfu-
giés chasssés de leur patrie par les
troubles de la péninsule. Lavergne pos-
sédait à fond la langue castillane ; il fut,
grâce à ses études sur l'Espagne, introduit dans cette société et il y contracta
des amitiés précieuses.

C'est de là que datent ses relations
avec M. Mon, le futur ministre des finances de la reine Isabelle ; avec Donoso
Cortès, plus tard, marquis de Valde-
gamas, l'un des plus brillants orateurs
de la tribune espagnole ; avec Narvaez,
qui n'était pas encore le duc de Valence.

Une maison également lui fut ouverte, hospitalière entre toutes aux hommes de lettres français, celle du comte et de la comtesse de Montijo. Admis dans leur intimité, il admirait les grâces naissantes de leurs deux filles, dont la plus jeune ne prévoyait pas la destinée à la fois éclatante et tragique qui l'attendait, et n'était à cette époque qu'une délicieuse enfant.

Un autre salon attirait Lavergne, celui de M. de Rémusat, l'un des hommes politiques le plus en vue du gouvernement de Juillet.

M. de Rémusat s'était pris d'amitié pour le jeune écrivain et lui accordait un patronage affectueux dont Lavergne lui a été reconnaissant toute sa vie.

Dès cette époque, et bien qu'il séjournât le plus souvent à Toulouse, il faisait de fréquents voyages à Paris. Il y avait noué de précieuses relations avec des hommes de lettres éminents qui encourageaient ses débuts.

C'étaient Ballanche, Mérimée, Ampère, et le plus illustre de tous, Chateaubriand.

Lavergne, introduit par Ballanche à l'Abbaye-aux-Bois, y avait été très vite apprécié.

Chateaubriand avait pris en gré son jeune confrère.

Dans la nombreuse correspondance échangée entre eux le grand écrivain lui donne des marques, non seulement du plus vif intérêt, mais d'une sincère amitié.

On en peut juger par les lettres suivantes :

« Paris, 31 mai 1834.

« C'est encore tout ému, Monsieur,
de la lecture de votre si brillant article,
semé çà et là des plus beaux traits, que
je viens vous en témoigner ma reconnaissance ; les remerciements de l'amour-
propre flatté sont ordinairement sus-
pects ; mais les miens ont la franchise
de mon pays et la sincérité de ma vie.
Mme Récamier, qui sent tout le prix de
votre talent et de votre bonne grâce, me
charge, Monsieur, de vous dire toute son
admiration en vous exprimant la mienne.
Encouragé par vous et nos amis com-
muns, je me suis remis à la besogne.

J'avais besoin de montrer mes ébauches aux maîtres de l'art afin de profiter de leurs conseils et de savoir si rien n'était à changer, à corriger dans ma composition.

« Maintenant que par la diversité des esprits qui m'ont jugé j'ai lieu d'espérer que mon monument funèbre est ce qu'il peut être, je vais le replonger dans la nuit et continuer ma sculpture au flambeau. »

La correspondance continue à propos du compte rendu que Lavergne avait fait du livre de Chateaubriand sur le Congrès de Vérone :

« Paris, mardi 29 mai 1838.

« Votre amitié, Monsieur, qui m'a déjà fait trop d'honneur comme poète,

2

veut encore me réhabiliter comme ministre; elle aura fort à faire. A la publication de mon *Congrès de Vérone* commence une nouvelle ère diplomatique; la diplomatie, jusqu'ici stationnaire, a fait un pas; il ne sera plus possible de s'enfermer dans un silence que les gouvernements publics ne permettent plus et de s'envelopper dans des mystères que les journaux et la tribune ont divulgués six mois d'avance. On sera obligé aussi de convenir que les traités de Vienne sont impolitiques et odieux. Or, comment voulez-vous que la vieille diplomatie et la vieille politique ne soient pas désolées de voir surgir un *homme d'État* qui méprise les anciennes maximes et qui a réussi en suivant des

voies nouvelles? D'un autre coté, fidèle
à mes serments, et catholique, aposto-
lique et romain autant que mon curé, je
ne crois pourtant pas à l'avenir. Voilà,
monsieur, bien des griefs. Quoi qu'il en
soit, l'ouvrage a fait un peu son chemin.
Sous votre protection, il arrivera à bon
port. Vous seul l'aurez fait connaître.
Bien qu'on en ait beaucoup parlé, on
n'a pas fait voir ce qu'il renfermait ou
de nouveau ou d'utile, et votre bon
esprit m'aura mieux suivi dans ce que
j'ai prétendu prouver.

« Savez-vous que je ne suis pas tout
à fait sans espérance de vous voir bientôt? Les médecins, qui viennent de me
tirer beaucoup de sang, veulent tous
que je voyage, et je tourne les yeux vers

le Midi. Je pourrais bien passer par
Toulouse : vous sentez combien je serais
heureux de pouvoir vous embrasser et
vous dire de vive voix combien je vous
suis attaché et combien je vous remercie.

« Tout à vous bien sincèrement, Monsieur, et à jamais.

« CHATEAUBRIAND.

« Vous voyez que j'ai été obligé de
dicter à Hyacinthe et vous voudrez bien
me pardonner. Mme Récamier se porte
un peu mieux et tous vos amis vous re-
grettent. »

« Paris, 19 juin 1838.

« Je n'ai qu'un regret, Monsieur;
c'est que votre dernier article, qui a

paru hier, n'ait pas été imprimé dans
un journal plus répandu. Vous trouverez
tout simple ce souhait de ma vanité.
Jamais on n'a mieux fait connaître le
Congrès de Vérone; jamais on n'en a
parlé plus en connaissance de cause et
en même temps avec plus de bienveillance et de talent. Remarquez-vous,
Monsieur, la sottise des royalistes qui
ne voient pas ce que je leur ai fait ga-
gner dans le public par mon dernier
ouvrage, et qui prennent pour argent
comptant la chicane de mauvaise foi de
quelques ennemis. C'est au reste ce
qu'ils ont fait toute leur vie : ils ont crié
contre le *Génie du Christianisme*, les *Mar-
tyrs, la monarchie selon la Charte,* etc.,
et ils m'ont culbuté en 1824 au moment

où je leur gagnais la partie. Ils me lais-
sent à moi seul le succès du Congrès de
Vérone, au lieu de s'en parer, comme
ils le devraient, en gens habiles.

« J'ai toujours quelque espérance
d'aller vous remercier à Toulouse le
mois prochain. Vous ne doutez pas,
j'espère, du plaisir que j'aurai à vous
embrasser et à vous dire toute ma reconnaissance.

« Mme Récamier est partie hier pour
Châtenay; elle va passer un mois ou
deux chez Mme de Boignes; j'irai demain la voir et je porterai votre article à
tous vos amis de l'Abbaye.

« Mille compliments les plus em-
pressés.

« CHATEAUBRIAND. »

« Paris, 26 juin 1838.

« Votre lettre, Monsieur, a croisé
celle que j'avais l'honneur de vous
écrire pour vous remercier de votre second article. Si tous mes projets se réa-
lisent, comme je l'espère, je vous em-
brasserai à Toulouse du 15 au 20 du
mois prochain. Vous sentez, Monsieur,
combien je serai heureux de me remet-
tre entre vos mains et d'avoir un pareil
guide. Accablé d'affaires pour la vente
de mon ermitage, mon déménagement
et mon départ de Paris, toujours mon
rhumatisme au bras droit, j'ai à peine
le temps de dicter quelques mots à Hyacinthe, heureux que je suis de vous renouveler mes remerciements pour vos

admirables articles et vous prier de croire à mon entier dévouement et à mon amitié.

« CHATEAUBRIAND. »

Le voyage de Toulouse eut lieu à la date et dans les conditions que Chateaubriand avait indiquées.

Les lettres suivantes font connaître les impressions qu'en avait rapportées le grand écrivain :

« Paris, 9 juillet 1838.

« Je reçois, Monsieur, votre aimable lettre au moment où je quitte Paris; je serai à Toulouse à la fin de ce mois ou dans les premiers jours de l'autre. Je m'en fais une vraie joie. Je vais rejoindre ce billet auprès de vous.

« Mes hommages, je vous prie, à Madame votre mère.

« CHATEAUBRIAND. »

« Toulouse, mercredi, 4 heures.

« J'arrive, Monsieur. Si je ne tombais pas de fatigue, j'irais vous chercher et vous embrasser.

« Tout à vous et toujours reconnaissant.

« CHATEAUBRIAND. »

« Montpellier, dimanche 22 juillet 1838, midi.

« Je suis homme de parole, Monsieur, je vous ai promis de vous écrire et je vous écris, quoique j'aie tout le mouvement de la voiture dans la main. J'emporte, je vous assure, de bien vifs regrets, et sans l'espoir de vous voir dans la rue du Bac avec Mme votre mère, je ne me consolerais pas d'avoir quitté votre admirable Toulouse. Je déjeune ici et je vais coucher à Lunel, pour de là aller à Aigues-Mortes et revenir coucher à Nîmes. Je suis désolé de me trouver si fort, et si fort ennuyé des chemins. Ne m'écrirez-vous pas un mot à Marseille pour me dire que vous avez reçu ce billet et que vous vous souvenez un peu de moi?

« Offrez, je vous prie, mes respects à Mme votre mère; rappelez-moi au souvenir de Mme et de M. Castelbajac.

« Voici le couplet pour votre Philomèle des Pyrénées, l'admirable Honorine. Il est fils de la nuit, de la poussière et du vent. On le voit bien. S'il avait trente ans de moins, il serait mieux. Ce n'est pas la faute de l'inspiration si elle n'a pu percer l'épaisseur des années.

« Mlle G... peut se vanter d'avoir vaincu l'horreur que j'ai pour les albums. J'ai moins peur avec la charmante sœur qui a bien voulu chanter à ma prière avec une si gracieuse complaisance. Remerciez un million de fois Honorine et Cécile. Venez vite à Paris, Monsieur, achever avec moi l'amitié que vous m'avez permis de commencer. Je vous laisserai en chemin, car le passager abordera bientôt la dernière rive. Tandis qu'il vivra, il vous sera toujours dévoué.

« CHATEAUBRIAND.

« Pilorge présente à Mme votre
mère ainsi qu'à vous, Monsieur, ses respects d'usage, c'est-à-dire de Bas-Bre-
ton. »

La lettre ne contient malheureusement pas le couplet, fils de la nuit, de
la poussière et du vent, adressé à la
Philomèle des Pyrénées ; il avait été
sans doute, dès sa réception, triompha-
lement placé dans l'album auquel il
était destiné.

                    « Paris, 6 août 1838.

« Je relis, Monsieur, en arrivant à
Paris, la bonne, aimable et longue
lettre que j'ai reçue de vous en courant
les chemins de votre admirable Lan-

guedoc. Quoi, vous auriez accepté une place dans ma pauvre calèche? Que ne parliez-vous? Combien j'aurais été heureux! Mais pourtant le temps ne nous aurait-il pas manqué? Je n'ai pu voir ni Saint-Remy, ni Saint-Gilles. J'ai vu Aigues-Mortes, merveille du treizième siècle, laissée tout entière sur vos rivages.

« J'ai aperçu la Camargue, qui seule mériterait un voyage exprès et où l'on retrouverait des villes oubliées. Enfin, que voulez-vous, j'ai couru; j'ai passé vite. Ne vaut-il pas mieux avoir laissé derrière moi quelques regrets que la fatigue de ma personne? Je ne voudrais pour rien au monde avoir causé de l'ennui à Mlles Cécile et Honorine.

« J'ai vu hier, un moment, Mme Récamier et M. Ballanche. Vous avez bien
voulu leur écrire ; ils sont charmés de
vous ; ils voudraient vous voir à Paris.
M. B... est à la campagne ; j'irai déjeu-
ner chez lui un de ces jours pour lui
parler de vous comme vous le méritez
et je ne sais ce que je ne donnerais pas
pour que quelque chose de convenable
pût vous amener à Paris. J'aurai l'honneur de vous écrire aussitôt que je sau-
rai ce qu'il y a de possible.

« J'ai terminé ma course par le golfe
Juan ; j'y suis arrivé la nuit. Vous jugez
ce que devaient être pour moi cette
mer solitaire et silencieuse, cette nuit,
ce ciel ; j'avais devant moi les îles de
Lérins où la civilisation chrétienne a

commencé, et je foulais cette grève où
Bonaparte a imprimé son dernier pas.

« Tous mes respects, je vous prie, à
Mme votre mère; mes hommages à
Mlle Gasc, et si vous voyez Mme de
Castelbajac, ayez la bonté de me rappe-
ler à son souvenir.

« Mes confrères de l'Académie des
Jeux floraux et M. le maire de Toulouse voudront bien agréer les remerciements sincères que je vous prie de leur
offrir. Aurai-je bientôt un petit mot de
vous, Monsieur?

« Rue du Bac, n° 112. »

                « Paris, 22 août 1838.
                « Rue du Bac, 112.

« L'affaire est arrangée, Monsieur;
si elle vous plaît, à partir du 1er no-

vembre, vous pourriez faire trois articles par mois qui vous seront payés à
raison de 100 francs l'article. Vous êtes
arrivé, du premier coup, presque au
taux le plus élevé. Je désire bien vivement que ce petit accroissement de
votre fortune puisse du moins vous
amener l'hiver à Paris, avec Mme votre
mère.

« Nous ne cessons de parler de vous
dans notre petite société. L'espoir de
vous voir au milieu de nous est le sujet
de toutes nos conversations. Je parle
aussi des merveilles de Mlle Honorine.
Enfin nous habitons Toulouse en attendant que vous veniez habiter Paris.
J'attends une réponse de vous. Je ne
vous renouvelle plus mes remercie-

ments et je vous prie de croire à ma sincère amitié.

« Mes respectueux hommages à Madame votre mère. »

« Chateaubriand.

« Paris, 31 août 1838.

« Votre lettre, Monsieur, m'a fait un extrême plaisir; l'idée de vous voir au milieu de nous m'enchante; vous ne seriez point tenu à donner trois articles; chaque article a des appointements à part. On peut en fournir trois par mois, mais on ne peut pas dépasser ce nombre.

« Maintenant, Monsieur, je dois vous faire part de mes scrupules. Il y a trente-six ans que je connais M. Bertin l'aîné;

je lui suis attaché par tous les souvenirs
de mes bons et de mes mauvais jours :
une vieille amitié ne se rompt jamais et
se fortifie avec le temps. Mais, sous les
rapports politiques, vous savez bien que
je ne marche plus avec les *Débats*. Je
ne reconnais point le gouvernement qui
existe ; je ne lui ai prêté aucun serment,
je ne lui en prêterai jamais. Souvent les
articles politiques du journal me sont
très pénibles : dans tout le reste, je le
trouve excellent.

« Maintenant, Monsieur, pesez bien
les avantages et les désavantages d'une
collaboration. Les avantages sont de vous
faire connaître, de vous acquérir un
nom et une importance qui peut vous
mener à tout ; les désavantages sont

d'accepter les inimitiés littéraires et politiques auxquelles sont en butte les
Débats, et si quelque catastrophe arri-
vait, soit gouvernementale, soit ministérielle, vous seriez enveloppé dans la
ruine de la puissance à laquelle vous
vous seriez attaché.

« Avec votre jeunesse, votre courage
et votre talent, vous pouvez, je le sais,
braver tout; mais j'ai dû vous avertir du
danger afin que vous ne me reprochiez
pas quelque jour de vous avoir laissé
ignorer les accidents du parti que vous
semblez déterminé à prendre.

« Maintenant que j'ai satisfait aux
devoirs de la conscience, j'attends un
dernier mot de vous pour apprendre à
Bertin votre résolution. Si vous accep-

tez, Monsieur, vous ne pouvez douter
du plaisir que nous aurons à vous lire,
à vous voir arriver dans une petite
société qui vous honore et qui vous
aime.

« Sur ce, je prie Dieu qu'il vous ait
dans sa sainte et digne garde et je vous
embrasse cordialement.

« CHATEAUBRIAND.

« Mes hommages respecteux à Madame votre mère. »

« Paris, 13 septembre 1838.

« Voici, Monsieur, votre affaire ter-
minée. Demandez à M. Bertin les livres
nouveaux dont vous voulez rendre
compte ; s'ils ne sont pas déjà donnés à
d'autres rédacteurs, on vous les fera

passer. Si vous avez par vous-même
quelque ouvrage important dont vous
désiriez parler, faites des articles sur
cet ouvrage, vous les ferez tenir au
journal et le prix de chaque article
vous sera payé 100 francs, depuis un
jusqu'à trois articles par mois, à partir
du 1er novembre; au surplus, quand
vous serez parmi nous, vous verrez
M. Bertin et vous mettrez toutes vos
affaires en ordre. Nous espérons bien
vous voir cet automne avec Mme votre
mère. Nous causerons de Toulouse,
de tous les souvenirs qu'il rappelle
et de l'admirable voix de Mlle Honorine.

« Regardez-moi ici comme votre
homme d'affaires et adressez-vous à

moi pour tous les renseignements dont
vous pourriez avoir besoin. Mes respectueux hommages à Mme Lavergne et à
vous, Monsieur, toutes mes sincères
amitiés.

« Chateaubriand.

« Mme Récamier et M. Ballanche se
réjouissent dans l'espoir de vous voir
bientôt et me chargent de vous dire
mille choses. »

« Paris, 20 octobre 1838.

« Mon déménagement, Monsieur, et
quelque retour de la goutte m'ont em-
pêché d'avoir l'honneur de vous répondre plus tôt. Je ne veux vous écrire
aujourd'hui qu'un mot par la main

d'Hyacinthe : revenez-nous vite ; toute notre petite société vous attend. Quant à Mlle Honorine, j'en suis amoureux fou tout comme vous. Je vous dirais : épousez-la, si jamais je pouvais donner un conseil sur les mariages.

« Je crains les *pianoteurs ;* je crains les artistes ambulants ; je crains le théâtre, je crains les succès ; je crains *tout* pour Mlle Honorine. Si sa vie tombe comme l'eau de sa cascade, je gémirai de loin en sûreté sous mes cheveux blancs : mais vous, que ferez-vous ?

« Adieu, Monsieur ; croyez à tout mon attachement et revenez-nous.

« Mes respectueux hommages à madame votre mère.

« CHATEAUBRIAND. »

On voit par cette correspondance quelle place tenait Lavergne dans ce que Chateaubriand appelle la *petite société de l'Abbaye-aux-Bois*.

Avec Mérimée, la correspondance change d'allure; le ton devient plus familier, plus libre. Il était assez rapproché d'âge de Lavergne; entre jeunes gens, on ne se gêne pas pour dire ce qu'on pense.

Il se montre dans ces lettres très occupé par sa fonction d'inspecteur des monuments historiques et très féru d'archéologie. Toutefois, même dans cette matière, en quelque sorte technique, l'ironiste ne désarme pas :

« J'aurais répondu plutôt *(sic)* à votre aimable lettre, Monsieur, si M. Royer-

Collard ne m'avait prévenu. Il paraît qu'il manque une facture, pièce indispensable pour payer. Vous savez comme on est formaliste dans la comptabilité ministérielle. La facture arrivant, l'argent suivra de près.

« Je passe maintenant ma vie à enrager de ne pouvoir obtenir rien de ce que j'ai demandé pour mes masures. On me promet, on m'ajourne et on ne signe jamais. Quelle admirable invention que celle des sous-secrétaires d'État ! On dit que nos députés commencent à les regretter. Pour moi, à quelques exceptions près, je suis aussi avancé qu'il y a deux mois, et entre autres arriérés j'attends encore mes frais de route. Il est vrai qu'on a tant de choses à faire que ce

serait miracle qu'on pensât à de vieilles
églises et à leur malheureux avocat. On
parle d'un cent et unième remaniement
d'hommes et de choses — du rempla-
cement du duc de Trévise — dont je
me soucierais peu, de celui de M. Guizot, ce qui me déplairait fort. Il vient
de nommer une commission historico-
artistique, dont je suis membre, et
qui doit fourrager et faire fourrager
les bibliothèques pour en faire sortir
les manuscrits philosophiques, littéraires, etc.

« Nous voulons aussi entreprendre
un petit travail qui sera tout bonne-
ment le catalogue de tous les monuments et de toutes les antiquités de la
France. J'estime que nous en serons

quittes avec deux cent cinquante ans
de recherches et 900 volumes de plan-
ches. Le texte sera plus considérable,
car nous avons des membres assez
verbeux, *ex.. g.* M. Cousin et Victor
Hugo.

« En attendant le catalogue, nous
allons commencer par quelque chose de
très utile. C'est un manuel que M. Guizot nous a promis de faire imprimer, et
qui contiendra une instruction som-
maire, mais suffisante pour déchiffrer
les manuscrits, les médailles, et, si nous
pouvons, les inscriptions.

« Je crois que cet ouvrage, envoyé
dans toutes les bibliothèques de France,
pourra être très utile. Dans une foule
de bibliothèques on ne trouve ni Mabil-

lon, ni même D. de Vaisnes, et lorsqu'il se rencontre un oisif d'assez
bonne volonté pour s'user la vue, il
n'a pas le moyen de le faire sur les
manuscrits de « son endroit », faute
d'un alphabet.

« Vous voyez, Monsieur, que nous
commençons par les éléments comme le
professeur de philosophie de M. Jour-
dain.

« Mon rapport, qui devient gigan-
tesque, m'occupe beaucoup en ce moment. J'ai en outre d'autres menus
rapports pour la commission susdite,
plus les épreuves du voyage de Jacque-
mont à corriger, en sorte qu'avec la
meilleure volonté du monde je ne
pourrai aller à Londres que vers le

milieu ou la fin de mars. Je serais bien heureux si vous vous trouviez à cette époque d'humeur à passer la Manche avec moi et respirer les brouillards et la fumée de Londres.

« Vous verriez que l'expression biblique de *ténèbres palpables* n'est pas du tout une métaphore orientale.

« Je suis enchanté que la comtesse de Montijo vous plaise. Elle m'écrit que vous lui plaisez aussi beaucoup.

« C'est une excellente femme qui a toutes les qualités solides d'une femme du Nord, avec la grâce et le sans-façon de son pays. Veuillez me mettre à ses pieds et demander grâce pour mon impertinence. Je n'ai pas encore répondu

à un billet charmant qu'elle m'a adressé.
Parlez-lui de toutes mes paperasseries,
aussi d'autres occupations qui me
retiennent auprès d'un numéro 1. Elle
vous expliquera cette énigme. Je trou-
verai cependant le temps de lui écrire
demain ou après et de m'excuser moi-
même. Vous ne me parlez pas de Paca et
de son autre fille. Je les ai laissées réci-
tant des fables et dansant le fandango sur
une table. Je m'imagine que maintenant
on monterait sur une table pour les voir
danser.

« Ch... d'A... me néglige actuelle-
ment pour son Maréchal. Il m'avait
chargé, comme vous savez, de parler de
ses feux à une belle dame qu'il avait
amorcée. Je suis au bout de mes épi-

thètes. S'il ne vient pas, s'il ne se brûle
pas la cervelle, la dame croira que l'in-
constant se console ailleurs. Le moyen
de lui faire croire que le vainqueur de
Toulouse est son rival? Dites-lui, quand
vous le verrez, que le Luxembourg est
triste comme un bonnet de nuit, qu'on
n'y voit plus que des sempiternelles, et
que, sauf la petite et rondelette duchesse d'O..., il n'y a rien à pêcher pour
lui dans ces parages.

« Adieu, Monsieur, veuillez ne pas
m'oublier et me rappeler au souvenir
de M. le marquis de Castellane et de
M. Dumège; je suis surpris de n'avoir
pas reçu de ses nouvelles.

« J'ai échoué au ministère de l'Intérieur en demandant pour lui un supplé-

ment de souscription. Le fait est qu'on
n'a plus le sou.

« Votre bien dévoué,

« Prosper MÉRIMÉE.

« 16, rue des Petits-Augustins.
« 23 janvier 1835. »

Dans une lettre, à propos de l'attentat
de Fieschi, Mérimée manifeste pour la
dynastie de juillet un loyalisme exalté :

« Chartres, 29 juillet 1835.

« Mon cher Monsieur,

« J'ai quitté Paris hier une heure avant
l'assassinat; mais j'ai vu vingt lettres et
chacune contenait une version diffé-
rente. Il me semble difficile de prouver,
ce qui je le crois, n'est pas douteux;
l'existence d'un complot. Je crains

4

aussi qu'on n'exploite mal l'indignation publique, qu'on lui demande trop et qu'on n'en obtienne rien.

« Il est fâcheux que les députés ne soient pas à leur poste, et dans les quinze jours qui s'écouleront nécessairement avant leur réunion on pourra faire bien des bêtises.

« Comment le roi ne croirait-il pas à son étoile, se trouvant sans blessures au milieu d'un cercle de morts et de blessés !

« Votre lettre m'est arrivée, hélas ! un peu tard. « Mon siège était fait », et Tetricus venait de recevoir de moi son certificat d'authencité imprimé lorsque votre enquête a tout gâté. Quand on veut vivre et mourir antiquaire, il faut

de la philosophie et prendre son parti
gaiement lorsqu'on a été mystifié. Pourtant dans toute cette affaire, il y a quelque chose d'inexplicable. Je ne puis me
lasser de me demander *cui bono,* et
quels ont pu être les moyens d'exécu-
tion du faussaire quel qu'il soit. Je m'y
perds.

« Vitet, à qui j'ai conté ma décon-
venue, je pourrais dire « notre », car
lui aussi croyait à l'antiquité, non seulement des bas-reliefs, mais aussi des
inscriptions, Vitet persiste.

« Il nie le témoignage de la cassure
miraculeuse et du morceau aussi mira-
culeusement retrouvé. Entre vingt-cinq
solutions plus ou moins saugrenues qui
me sont venues à la tête depuis votre

lettre, je me suis arrêté à cette hypothèse que Crétin et peut-être votre collègue de La Haye avaient trouvé un
antique, qu'ils en avaient fait faire une
copie, qu'ils avaient vendue, se réser-
vant de vendre l'original plus tard, histoire de faire de doubles profits.

« J'ai passé avec Mme de Montijo
presque tous les jours de beau temps
depuis trois semaines. J'ai trouvé
D. Cipriano plus gai qu'à Madrid ; mais
elle voit l'avenir en noir, et je crains
bien qu'elle n'ait le triste don de
seconde vue. Avant-hier comme je pre-
nais congé d'elle, elle m'a dit les larmes
aux yeux : « J'ai déjà sauvé la vie une
« fois à mon mari ; mais on ne trompe
« pas deux fois la haine d'un Espa-

« gnol. » Il y a malheureusement bien
de la probabilité dans ses prophéties
que les exaltés ramèneront forcément
les carlistes et que les carlistes revenus
pendront impartialement les exaltés et
les modérés.

« Ch... d'A... coule le fleuve de la
vie (comme on disait vers 1800) très
doucement. Il fait semblant de travail-
ler au conseil d'État, mange régulière-
ment des petits pâtés chez Michel et le
soir papillonne autour de deux ou trois
dames; il me demande ensuite de laquelle il faut qu'il soit amoureux. Je
lui conseille la marquise de N... ou
Mme X..., deux superbes géantes,
nièces de Mme de M..., à quoi il répond
qu'il ne peut faire de déclaration à

moins que je n'aie approuvé la rédaction d'avance.

« A propos de marquise, vous avez à
Toulouse la marquise de C... Elle était
fort jolie à Grenade vers 1830 et un
soir je me suis trouvé tout seul avec
elle dans la loge du duc de G..., ce qui
m'a donné des idées exécrables que je
n'ai pas osé pourtant manifester. Veuillez me mettre à ses pieds, si vous la
voyez, comme je le présume. Vous ris-
quez, ce faisant, qu'elle ait oublié sur
qui elle a produit, il y a cinq ans, une
si vive impression.   .

« J'ai fait porter chez Levavasseur
trois exemplaires de mon livre. Veuillez
en accepter un et donner les deux
autres à M. de Castellane et à M. du

Mège. Vous seriez bien aimable de me donner des nouvelles du procès de Tetricus; vos lettres me trouveraient sûrement dans ma tournée si vous aviez la bonté de me les adresser sous le couvert du ministère de l'Intérieur, cabinet particulier.

« Mille compliments et amitiés.

« Prosper MÉRIMÉE. »

« Tulle, 18 juin.

« Mon cher collègue, si je ne casse pas en route, accident à prévoir vu la nature des chemins que l'on me promet, je serai après-demain à Aurillac et trois ou quatre jours après à Rodez. Vous pouvez être à peu près sûr de m'y trouver le 24. Nous irons de là, s'il vous plaît, voir l'église de Conques. Je puis même vous offrir une excursion jusqu'au Puy, dans l'hypothèse où vous auriez un rare dévouement. Tout ce que je viens de voir en Limousin et en Berry est médiocre et ne vaut pas votre Toulouse et surtout la rive gauche de la Garonne. Vous voyez que je ne vous prends pas en traître. J'attends peu d'admiration de l'Aveyron ou de la Haute-Loire, mais nous verrons pourtant de beaux paysages et nous mangerons des cèpes et des fraises excellentes.

« Avez-vous des nouvelles de Ch. d'A...? on m'écrit de Paris qu'il est parti abruptement pour Albi et je crains que le M[le] d'A. ne soit malade. Vous

m'obligeriez fort de me donner de ses
nouvelles à Rodez dans le cas où vous
ne pourriez y venir vous-même.

« Je suis sans lettres de Paris. Je lis
dans les journaux que les badauds se
sont étouffés au Champ-de-Mars, pour
voir un feu d'artifice, niaiserie dont les
Parisiens ne peuvent se lasser. On en
tire déjà toutes sortes de vilains pré-
sages. On m'a envoyé un portrait de la
princesse que je vous communiquerai si
vous ne l'avez vue des yeux de la tête,
car vous êtes bien homme à être resté
à Paris pour voir les noces. A Fon-
tainebleau, M. de X... a été obligé
de coucher avec sa femme, châti-
ment bien mérité par toutes ses flirta-
tions.

« A Rodez donc, j'espère ; en attendant je suis tout à vous et *toto corde.*

« Prosper MÉRIMÉE. »

« Bagnères-de-Bigorre, 7 août.

« Mon cher collègue, seriez-vous
contre votre habitude dans vos foyers
domestiques? Si par un heureux hasard
que j'ose à peine espérer vous vous y
reposiez de vos courses habituelles,
j'aurai sous peu de jours le plaisir de
vous y voir et de causer avec vous *de
rebus omnibus,* dont je ne sais plus un
mot depuis tantôt deux mois. Je vais
d'ici à Saint-Bertrand-de-Comminges et
de là à Toulouse.

« On me dit que je passerai sous les
fenêtres de M. de Rémusat; mais je ne

m'arrêterai pas, ayant un compagnon
de voyage qui doit me quitter à Toulouse, et je veux y passer quelques jours
avec lui. Depuis Bordeaux, je n'ai vu
que des atrocités en fait de monuments.
Pour me consoler, je me suis arrêté
à Saint-Sauveur et je me suis rassasié
de montagnes et de glaciers. J'y ai
gagné trois ou quatre coups de soleil
et autant de milliers de puces.

« J'espère qu'avant de vous voir
j'aurai une peau présentable et que mes
hôtes se seront noyés dans les bains.

« Vous seriez bien aimable de venir
avec moi faire une visite à Laffitte?
Qu'en dites-vous?

« On mange fort mal à Saint-Sauveur
et on s'y ennuie à périr. Cependant on

y jouit de la présence de M. de Roth-
schild. M. de Castellane s'est enfui
quand il est arrivé, ne voulant pas que
deux soleils se trouvassent réunis. —
Les honnêtes femmes de Cauterets sont
toutes indignées de l'audace de M. G...
et de M. M... qui leur ont présenté
l'autre jour en qualité de légitimes
Mlle B. et Mlle Eugénie S. Ces dames
ont dansé la Robert Macaire au bal de
Cauterets. Charles d'A... sera père un
de ces jours. C'est encore une des nouvelles de Saint-Sauveur.

« J'aurais en retour bien des choses
à vous demander. Il y a près de deux
mois que je n'ai lu un journal ni reçu
une lettre de Paris.

« Adieu, mon cher collègue. Veuil-

lez faire mettre un petit mot pour me
dire où vous êtes, poste restante à Toulouse, ou bien à l'hôtel de France; c'est
là que je descendrai.

« Mille amitiés et compliments.

« Prosper MÉRIMÉE. »

Les travaux littéraires de Lavergne,
sa réputation d'écrivain avaient dépassé la sphère locale où s'exerçait son
activité, si bien qu'un beau jour, en
octobre 1838, il fut très surpris d'apprendre que M. de Salvandy, ministre
de l'Instruction publique, l'avait nommé
à la chaire de littérature étrangère près
de la Faculté des lettres de Montpellier.

Quelque flatteur que fût ce choix,
il déclina la fonction, motivant son
refus sur la nécessité pour lui de rési-
der à Toulouse; mais dans sa lettre au
ministre on voit déjà percer le désir

d'abandonner la littérature pour se li-
vrer à la politique.

Si brillante que fût sa situation à
Toulouse, Lavergne, comme tous les
hommes conscients de leur valeur, rê-
vait de se produire sur un plus grand
théâtre. C'est pourquoi, cédant aux instances de ses amis, il vint s'installer à
Paris.

Il ne tarda pas à s'y faire une situation dans les lettres.

Il était devenu un actif collaborateur de la *Revue des Deux Mondes,* récemment fondée par Buloz.

Il y publiait des études sur l'Espagne, sur la guerre civile et les chefs
de parti alors en évidence, Espartero,
Cabrera, Gomez.

On y trouve aussi un article sur un
poème de Jasmin, Françonetto, et un
autre sur Mounier et Malouet. .

Mais la politique avait pour lui des
attraits tout puissants ; dès qu'il le put,
il y entra, d'abord comme rédacteur au
ministère de l'Intérieur ; puis en 1840,
M. de Rémusat, étant devenu titulaire
de ce département, le nomma son chef
de cabinet.

Il entrait en même temps au conseil d'État comme maître des requêtes
en service extraordinaire.

Le ministère du 1ᵉʳ mars, dont il
suivit la fortune, n'eut pas une longue
durée ; il ne dépassa pas huit mois, ce
qui était peu pour l'époque. Mais il fut
marqué par des événements de la plus

haute importance, dont les deux princi-
paux furent le réveil de la question
d'Orient et l'échauffourée du prince
Louis Bonaparte à Boulogne.

On sait comment la révolte de Mé-
hémet-Ali contre le sultan et le succès
de ses armes en Syrie avaient failli amener une conflagration générale et le re-
nouvellement de la coalition européenne
contre la France, qui soutenait la cause
du pacha.

Au cours de cette crise, Lavergne
entretenait une correspondance suivie
avec M. Guizot, alors ambassadeur à
Londres, qui l'avait prié de le tenir
au courant des fluctuations de l'opinion.

Il jugeait la situation avec une sa-

gacité pleine de finesse. Voulant indi-
quer que l'effervescence belliqueuse
de la nation était de toute surface, il
écrivait : « Les choses iront à la guerre
tant que tout le monde croira la paix
inébranlable, et elles reviendront à la
paix dès que tout le monde verra la
guerre imminente. »

La sagesse du roi Louis-Philippe con-
jura le péril.

Quant au débarquement du prince
Louis à Boulogne, l'histoire en est trop
connue pour qu'il soit besoin d'y in-
sister.

Toutefois, Lavergne racontait à ce
propos une plaisante défaillance du télé-
graphe aérien.

L'entreprise avait été dissimulée avec

tant de soin que la police n'en savait
rien.

Ce fut donc avec la plus entière
surprise qu'on reçut au ministère de
l'Intérieur une dépêche ainsi conçue :
« Le prince est arrêté. » Le surplus
de la dépêche avait été, comme il arri-
vait souvent, intercepté par le brouil-
lard.

Quel prince? Pourquoi arrêté? Dans
quelles circonstances?

On en était réduit aux conjectures, et
l'on fut quelque temps avant d'avoir le
mot de l'énigme.

Sur ces deux événements qui, à
l'époque, préoccupaient à des titres iné-
gaux l'opinion publique, Mérimée, dont
la correspondance avec Lavergne devient

de plus en plus intime, laisse aller sa
verve caustique. Il se livre à des appré-
ciations piquantes sous la plume d'un
futur sénateur du second Empire et d'un
familier des Tuileries.

« Bordeaux, 8 août.

« Je vous aurais écrit plutôt *(sic)*,
mon cher ami, si je n'avais eu beaucoup
de vague à l'âme, maladie que vous ne
connaissez point dans le tourbillon où
vous vivez. Lorsque je commençais à
rattraper mon moral, voilà que vous
m'assommez avec le divorce de notre
chère épouse l'Angleterre et la grande
descente du petit Napoléon. Observez le
pouvoir de l'imprévu qu'il faudrait toujours prévoir. Il me semble que tout le

monde devient fou, cependant il n'y a
pas partout un soleil comme celui sous
lequel je vis et qui justifierait lord Palmerston et M. de Metternich, M. de Metternich surtout, que je croyais si raison-
nable ! La panique a été grande ici où
l'on vit du vin que boivent les Anglais ;
cependant nous sommes Francès à Bordeaux comme à Paris et nous craignons
encore plus les soufflets que l'encom-
brement de nos caves. Les négociants
sont belliqueux. Ils parlent d'armer des
corsaires et ne rêvent que plaies et
bosses.

« L'équippée *(sic)* du petit Napoléon
est venue jeter de l'huile sur ce beau
feu. Ici tout le monde croit que c'est
lord Melbourne qui l'a lâché et lui a

donné des guinées pour s'acheter un
habit vert et un vieux chapeau à trois
cornes.

« Aujourd'hui à diner, chez le général de C..., j'ai essayé d'élever des
doutes sur ce fait, mais j'ai été battu.
Nous revoici avec les sentiments de 1814
sur notre magnanime alliée. Vous savez
qu'il n'y a pas de pays où les carlistes se
tiennent plus cois qu'à Bordeaux. Je ne
sais rien de ce qu'ils disent et leurs journaux de Paris ne m'apprennent rien. Je
viens d'un pays où l'on vit très tran-
quille, mais où une étincelle pourra
faire éclater plus d'une petite explosion.
Tous les gens que j'ai vus dans la Vendée et les Deux-Sèvres m'ont dit qu'ils
comptaient sur une équippée *(sic)* de

Henri V. Le fait est qu'il est diablement
paresseux. Les lauriers du prince Louis
devraient l'empêcher de dormir. S'il
vient, il y aura grand tapage, mais au
fond rien de bien sérieux. Je crois que
les gardes nationales des villes et la gen-
darmerie suffiraient pour mettre à la raison les paysans du Bocage. Les routes
sont si nombreuses et si belles qu'on ne
peut plus faire dans la Vendée la guerre
à la Walter Scott.

« Mais il y a encore trop de gens qui
ont échangé des coups de fusil, qui ont
été pillés ou condamnés à mort pour
qu'il ne soit très facile de leur persuader
de recommencer.

« J'ai vu au reste, à Niort, un assez
curieux miracle opéré par l'archéologie.

Elle est à la mode dans ce vilain trou-là,
et Bleus et Blancs s'entre-lisent des mé-
moires sur des tumulus, au lieu de
s'entre-assassiner. Je me suis trouvé en
relations avec trois sociétaires, un répu-
blicain, un carliste amnistié et un juste-
milieu. Les deux premiers avaient ha-
bité, en qualité de détenus, le château
de Niort, bâti par Richard Cœur de Lion.
Le troisième, étant juré, avait condamné
à mort, je crois, le carliste. Tous les
trois archéologues, ou soi-disant tels,
étaient en bons termes ensemble et peut-
être ne se battront-ils plus. Dans les
campagnes, on est toujours comme aux
beaux temps de la guerre. Les gens y ont
la bosse de la combativité et l'on s'exècre
de village à village par suite de tradi-

tions qui remontent peut-être à la con-
juration d'Amboise.

« Vous seriez bien aimable, mon cher
ami, de me donner quelques nouvelles
et quelques réflexions doctes et profondes, comme vous en faites, sur la
situation. Il me semble que sous notre
beau feu, sous la blague de nos exaltés,
se cache une certaine frayeur. Si nous
devons être seuls contre tous, nous
sommes fricassés, et vous serez pendu
l'année prochaine.

« Nous avons pour nous notre furie
française et nos souvenirs qui sont im-
posants. Jusqu'à quel point nous défen-
dront-ils? Comment faire la guerre avec
des journaux qui conspirent en perma-
nence? Comment la faire avec les Cham-

bres? Et les émeutes que vous aurez dans toutes les villes manufacturières? il y a ici 8,000 hommes qui vivent du port, et qui ne vivront plus s'il est bloqué. A Lyon, ce sera bien pis. Je ne vois de bon, là-dedans, qu'une magnifique occasion de quitter l'Algérie et de mettre en face des Prussiens 20,000 chenapans, zéphyrs, zouaves et autres qui feraient merveille.

« On me dit que vous encombrez décidément la coupole des Invalides. Mais si les cendres étaient empoignées au passage? Ce serait une drôle de solution.

« Je pars demain pour Bayonne; mais comme je m'arrêterai sur la route, j'aurai le temps d'y recevoir une lettre de

vous avant de passer les Pyrénées, ce
que je compte faire, si la route de
Madrid est bonne, ainsi qu'on me le dit
ici.

« Tâchez de me donner des nouvelles
réconfortantes, car je suis horriblement
triste et la perspective des cosaques me
fait tout voir en noir, malgré le soleil
du Midi, qui, pour le présent, promet
aux vignerons une récolte de trente millions plus belle que celle de l'année dernière.

« Adieu, mon cher ami, rappelez-
moi au souvenir de M. et Mme de Rémusat. J'ai dîné aujourd'hui avec
M. G... que le mariage a maigri. A
Bayonne, chez le sous-préfet, ou poste
restante jusqu'au 15 au 16. On parle

d'un article sur Cabrera (1) qui fait fu-
reur. Malheureusement je ne le connais
que par la renommée. »

« Bayonne, 27 août, au soir.

« Votre lettre, mon cher ami, m'a
rendu horriblement nerveux. Si vous
voyez en noir étant si près du soleil, de
quelle couleur verrai-je, moi qui suis
dans les brouillards des Pyrénées? Je
vous trouve trop pessimiste et trop
démocritique; je devrais dire plutôt
trop héraclitique, car votre ironie est
diablement triste. Je vous avouerai que
j'ai des sentiments non pas Frrrancès
mais Français et que je suis désolé
quand je vois mes chers compatriotes

(1) De Léonce de Lavergne.

faire des sottises. Au fait, trouvez-vous
que nous ayons tort de prendre la chèvre
et de nous poser sur la hanche? Si l'on
ne mène pas dans le monde sa première
affaire « d'une assez vigoureuse et gail-
larde manière », il faut s'attendre à être
en butte à tout jamais aux insultes de
petits et grands. Si nous n'armions pas
maintenant, l'année prochaine on nous
traiterait comme on traite le Portugal.
Vous avez bien raison de trouver niaise
notre amitié pour le pacha qui était
notre bête noire du temps de l'insurrec-
tion grecque, où nous fûmes si fous.
Malheureusement nous sommes dans
une drôle de position ; nous représentons
en Europe les bons sentiments, l'honneur, la probité. Nous sommes les re-

dresseurs de torts et nous ne pouvons
penser à notre intérêt lorsque notre
honneur se trouve compromis. Quoi de
plus tentant, par exemple, que de rechercher l'alliance de la Russie, de
l'aider dans ses projets contre l'Angleterre, de partager avec elle l'empire
turc? Mais la Russie représente l'abso-
lutisme et la tyrannie, et nous sommes
et serons ses ennemis. A tout prendre,
croyez-vous que ce qui est arrivé soit
si malheureux? Croyez-vous surtout
qu'il fût possible de faire autrement?
Notre grosse faute, à mon avis, est, je
crois, de n'être pas intervenus après la
mort de Zumalacarregui. Alors, nous
aurions eu au pis aller une démonstra-
tion européenne contre nous, et l'Angle-

terre de moins. J'espère cependant que,
même aujourd'hui, tout se bornera à
des notes plus ou moins aigres et à des
démonstrations plus ou moins guer-
rières. Un coup de canon coûte si cher,
que dans l'état financier de l'Europe
on ne peut se donner que bien difficile-
ment cette jouissance. Je doute que
lord Palmerston persuade au Parlement
de voter des subsides extraordinaires, et
la Prusse et l'Autriche n'ont pas d'argent à jeter par les fenêtres. J'ai trouvé
le discours de la reine Victoria assez ras-
surant au fond. Ici, on est fort belliqueux. Les Basques sont un peuple ami
des coups et du tapage. Vous aurez ici
une excellente garde nationale qui se
donnerait bien un coup de peigne au

besoin, mais qui vous demandera la réforme électorale pour la peine.

« Presque partout ailleurs, elle ne
serait pas pour le coup de peigne, mais
bien pour la réforme. La correspondance anacréontique de Soliman pacha
avec le commodore Napier m'a fort
amusé. Les variations du premier sur
l'air : « Allez vous faire f... » ont seulement le tort de n'être pas écrites en
français, mais par le temps qui court,
c'est un léger malheur. A propos de
français ; je vous plains sincèrement
d'avoir été massacré par les composi-
teurs. Il y a quelques années, lorsque
j'avais encore la peau plus sensible, j'en
aurais été malade pendant trois jours.
Depuis, j'ai trouvé ce remède, c'est de

corriger sur mon exemplaire, et vous verrez, par expérience, que cela tranquillise beaucoup.

« L'affaire mirobolante du petit Napoléon est tout ce qu'il y a de plus propre à donner de nous une bonne idée en Europe. L'autre moutard, s'il venait en Vendée (avec un pot de lis pour imiter l'aigle vivant de son collègue), ferait tirer plus d'un coup de fusil. On blâme la Chambre des pairs et la clause impérative paraît hardie. Je ne la crois pas mal imaginée et j'en juge par le général H... et le marquis de L..., deux fiers paresseux qui graissent leurs bottes en ce moment.

« Adieu, mon cher ami, je pars demain avec un courrier d'ambassade.

Si l'on m'occit, ce qui est peu probable, obligez-moi d'abord de faire déclarer la guerre à l'Espagne, puis d'écrire ma notice biographique dans la *Revue des Deux Mondes,* ou bien d'en confier la rédaction à Mme Sand. Écrivez-moi des nouvelles remplies d'intérêt, à leur défaut des réflexions doctes et profondes, les *Samedis* et envoyez votre lettre par les Affaires étrangères à l'ambassade de France...

« Probablement, je serai de retour à Bayonne vers le 20 septembre et, peu après, je viendrai imprimer la Guerre sociale à Paris.

« Prosper MÉRIMÉE. »

A cette époque, les Beaux-Arts dépendaient du ministère de l'Intérieur.

Sa fonction de chef de cabinet du ministre mettait Lavergne en relation avec les hommes de lettres et les artistes.

Et quels noms brillaient alors dans le monde des lettres et des arts : Lamartine, Victor Hugo, de Musset, de Vigny, Alexandre Dumas père, Balzac, Mérimée, George Sand, et parmi les peintres et les sculpteurs : Ingres, Delacroix, Horace Vernet, Paul Delaroche, Decamps, Pradier, Rude, Duret et tant d'autres.

Par son goût éclairé, par la finesse de son esprit et l'affabilité de ses manières Lavergne était fort apprécié de cette élite intellectuelle.

Quelques exemples puisés dans sa correspondance en peuvent témoigner.

C'est Michelet qui brigue auprès de lui la direction des Archives ou qui lui révèle les idées qui ont inspiré ses travaux :

Sans date.

« Monsieur et ami,

« J'entends dire que l'on veut confier la direction des Archives à un savant qui *soit en même temps un homme politique,* comme l'était M. Daunou.

« Si l'on eût voulu choisir parmi les gens de lettres, parmi les membres de l'Institut, je me serais présenté et j'aurais fait valoir mes titres :

« 1° Mes ouvrages, en tout quinze

volumes qui ont été traduits ou contre-
faits dans toute l'Europe;

« 2° Vingt-cinq ans de services dans
l'enseignement, où j'occupe la chaire de
M. Daunou;

« 3° Dix ans de services aux Archives et le suffrage unanime des em-
ployés de cette administration, qui le
jour même de la mort de M. Daunou m'engagèrent par l'organe du plus
âgé d'entre eux à me mettre sur les
rangs.

« J'aurais exposé ces titres au ministre, qui m'eût accueilli, je crois, avec
quelque bienveillance. Mais dès qu'il est
posé en principe que la place doit être
donnée à un homme politique, je ne
dois point me présenter.

« Adieu, monsieur et ami, recevez
mes salutations les plus affectueuses.

« MICHELET. »

(Sans date.)

« Monsieur et ami,

« Je suppose que vous avez reçu
mon cinquième volume (Charles VII,
la Pucelle, la Renaissance, etc, etc.).

« Ce sera l'un des plus attaqués, et
pourtant c'est, je crois, l'un des plus
solidement *fondés*. Il est sorti en grande
partie (la fin surtout) des *Archives,* des
documents *inédits*.

« J'y ai simplifié toutes les grandes
questions du temps. J'ai dégagé celle
de l'*Imitation* des controverses, celle de
la Pucelle des ornements romanesques,

celle des guerres d'*Angleterre* des tra-
ditions shakespeariennes que tout le
monde suivait à l'aveugle; j'ai ramené
tout cela aux témoignages contemporains, aux actes, autant que je pouvais.

« Mes matériaux amassés, mon livre
écrit et imprimé, je l'ai soumis feuille
par feuille aux hommes spéciaux pour
chaque matière : la Pucelle, à M. Qui-
cherat, qui publie son procès; la partie
anglaise, à M. Thomas Wright; la partie
suisse, à MM. Monnard et Vulliémin, de
Lausanne; la partie belge, à MM. Lenz,
Serrure, Saint-Genois, de Gand, etc.;
le procès de Retz (l'original de la Barbe
Bleue), à M. Louis Dubois, qui a fait
sur ce sujet un livre inédit, etc.

« Leurs résultats ont confirmé les

miens, de même que mon Duguesclin,
ma Jacquerie, etc., avaient été haute-
ment justifiés par les travaux de
M. Charrière et de M. Lacabane, de la
Bibliothèque royale.

« Je voudrais, Monsieur et ami, que
vous eussiez occasion de dire quelque
part ce que vous pensez de ce grand
travail; il m'importe qu'il ne soit pas
confondu avec les improvisations historiques si communes aujourd'hui.

« Croyez à mon attachement sincère
et à mon dévouement.

« MICHELET.

« Rue des Postes, 12.

« Les derniers chapitres pourraient
être intitulés ainsi : *De l'Impossibilite
d'un royaume des Pays-Bas.* »

C'est George Sand en appelant au jugement éclairé de Lavergne d'un insuccès dramatique éprouvé par elle; elle avait fait représenter au Théâtre-Français, le 2 mai 1840, un drame en cinq actes intitulé *Cosima,* qui était tombé à plat. Lavergne avait blâmé cette sévérité du public et elle le remerciait de sa favorable appréciation :

(Sans date.)

« Merci mille fois, Monsieur, de votre excellente et charmante lettre. J'avais bien compris hier soir votre bonne poignée de main, et vous avez compris aussi, n'est-ce pas, que je n'acceptais pas dans ma conscience les grossières dissidences de mon auditoire. Peu m'importe d'avoir

fait une pièce dénuée d'art. Peu m'importe d'avoir fait preuve de talent ou de
nullité dramatique. Mais j'ai voulu prouver une toute petite vérité qui me semblait être un lieu commun : à savoir
que la bonté, la patience et le pardon
d'un mari, mis en parallèle avec la bru-
talité, l'égoïsme et la vanité d'un amant,
doivent ramener au *juste* et au *vrai* un
cœur égaré par la passion. Le pudique
parterre a trouvé cet essai absurde et
immoral. J'en suis fâchée pour lui et
crois très fort que ce jugement porté sur
mon immoralité proclame la sienne;
ceci est peu de chose quant à moi.

« Je serais bien fâchée ne n'avoir pas
un peu espéré des hommes de mon
temps. Je n'en désespère pas et n'en

désespérerai.jamais, quoi qu'ils fassent
pour cela. Je les regarderai comme des
enfants mutins qu'il faut endoctriner
toujours, au risque de les mettre en co-
lère. Je n'ai pas d'autre pensée dans
l'âme et ce n'est pas d'aujourd'hui que
je sais ce qu'il faut risquer et affronter
pour la dire. Voilà pourquoi mon
amour-propre n'est point en cause et
ne souffre jamais.

« Vous me dites des choses parfaites,
trop élogieuses, mais bien sympathiques
à mon cœur. Je vous assure qu'il faudrait être dans une veine d'ironie bien
bilieuse pour n'en être pas profondé-
ment touchée.

« Mais rassurez-vous, je ne suis pas
ironique du tout. Ceux qui vous l'ont

fait croire ont fait trop d'honneur à mon
esprit et ne m'ont jamais adressé appa-
remment de ces bonnes paroles qui
appellent l'amitié et imposent la reconnaissance.

« Tout à vous.

« George SAND. »

Ou bien c'est Alphonse Karr se re-
commandant par l'intermédiaire de Lavergne au ministre de l'Intérieur pour
obtenir de lui une remise des condam-
nations encourues par le brillant écrivain à raison de l'inexactitude de son
service dans la garde nationale.

Parmi les actes auxquels il avait été
mêlé par sa fonction de chef de cabinet
du ministre de l'Intérieur, il en est un

qui lui avait laissé un souvenir pénible,
mais plein d'enseignement philoso-
phique.

Il avait, en cette qualité, soumis à
son chef les plans de la prison de
Mazas.

En 1851, au moment du coup d'État,
les plus qualifiés parmi les représentants
du peuple furent arrêtés et incarcérés.
M. de Rémusat était du nombre. Par
une véritable ironie du sort, il fut écroué
à Mazas. Lavergne alla l'y voir, et, dans
la conversation qu'il eut avec lui en
présence de l'argousin, qui ne devait
pas les laisser seuls, il lui dit : « Je
ne me doutais pas, quand je vous fai-
sais signer les plans de cette prison,
qu'un jour vous y occuperiez une cel-

lule et que je viendrais vous y rendre
visite. »

A, cette vie si laborieuse, si agitée,
Lavergne avait pu cependant dérober
de courts instants qu'il avait consacrés
à voyager.

Mais ce n'étaient pas de purs voyages
de curiosité, de simples déplacements
de touriste qu'il entendait faire; son
tempérament politique ne se fût pas
contenté de si peu.

Il étudiait les mœurs, les institutions;
il se mettait en relation avec les hommes
les plus considérables des pays qu'il visitait; il prenait sur tout des notes, et
sa moisson cueillie, il confiait à la *Revue des Deux Mondes* les impressions
qu'il avait éprouvées.

Il y a ainsi de lui des articles sur l'Angleterre, sur l'Italie et plus tard sur l'Algérie qui mériteraient d'être conservés.

Son habituel compagnon dans ces rapides excursions était son ami Ampère; Ampère, le voyageur intrépide, l'infatigable érudit, le lettré délicat que Prévost-Paradol, son successeur à l'Académie française, a peint d'un trait charmant en disant qu'il avait traversé le monde un livre à la main.

Ampère, avide de tout voir, préparait un voyage en Égypte; il entretenait Lavergne de ses projets :

« Mon cher ami,

« Vous êtes bien aimable de vous

être souvenu des Parisiens, comme on
dit en province, et surtout de leur
revenir bientôt. Si Madame votre mère
est du voyage, Mme Récamier s'en ré-
jouira doublement. Pour moi, je n'aurai plus à désirer que Monsieur votre
frère, notre aimable compagnon de
route.

« Vous saurez que je ne vais point
en Égypte cette année. Je me suis mis
si sérieusement aux hiéroglyphes et aux
antiquités égyptiennes que je ne vais
pas en Égypte — cette année ; — j'en
savais assez pour un voyage d'amateur,
j'en veux savoir davantage pour un
voyage d'étude. Ainsi si le cœur vous en
dit, l'année prochaine ; peut-être aurons-
nous Mérimée, qui cette année va à Al-

ger. — Pour moi, je vais faire *una pas-
segiata* en Italie. A Turin d'abord, voir
le musée égyptien avec M. Lenormant;
puis à Florence, voir Capponi. Si vous
pouviez faire un *trip* jusque-là, ce
serait admirable. Mais tout dépend de
la santé de Mme votre mère et de
vos projets. Vous triomphez sur toute
la ligne — le duc de la Victoire est
aussi enfoncé qu'il soit possible de
l'être. Venez donc triompher ici avant
mon départ.

« M. de Chateaubriand est revenu en
bon état des eaux; — il est allé depuis
à la Trappe, tout cela très lestement,
très juvénilement. Mme Récamier est
un peu souffrante, et vous serez pour
elle un bien heureux événement. Vous

7

me trouverez déjà déchiffrant assez bien et pouvant lire presque à *obélisque ouvert.*

« Mille amitiés bien sincères.

« J.-J. Ampère. »

Je me suis un peu étendu sur la jeunesse de Lavergne pour montrer dans quel milieu littéraire, politique et mondain il avait vécu, formant un contraste absolu avec l'existence toute de science et de solitude qu'il mènera plus tard.

Ce changement imprévu avait frappé les personnes qui l'ont connu dans cette première partie de sa vie.

Mme Lenormant y fait allusion dans les souvenirs qu'elle a publiés sur Mme Récamier.

Après avoir cité Lavergne comme un des familiers de l'Abbaye-aux-Bois, elle ajoute :

« Il avait beaucoup d'esprit, un
vrai talent de style, la passion de la
politique. On ne se doutait guère alors
et il ne se doutait pas lui-même qu'il
deviendrait le grand orateur de l'agriculture. »

La personne physique chez Lavergne, à cette époque, ne prévenait pas
moins en sa faveur que les grâces de
son esprit.

J'ai sous les yeux un portrait de lui à
la mine de plomb, aux environs de la
trentaine, et d'une ressemblance frap-
pante.

Les traits sont réguliers, le front puissant, couronné d'une abondante cheve-
lure, le nez droit, la bouche spirituelle,
avec la lèvre inférieure un peu forte,

les yeux doux et profonds; l'ensemble
de la physionomie respire à la fois l'intelligence et la bonté.

Il est remarquable en effet qu'un
homme qui avait tant d'esprit, et du
plus vif, et du plus prime-sautier, n'en
ait jamais abusé et se soit volontaire-
ment abstenu de l'ironie qu'il aurait pu
manier avec succès.

La taille est grande et bien prise,
les épaules toutefois un peu cour-
bées, comme il arrive aux hommes
qui lisent beaucoup et qui ont la vue
basse.

C'est l'image d'un beau jeune homme
chez lequel le sérieux est tempéré par
l'affabilité.

Tout entier désormais à la poli-

tique, Lavergne y voulut de suite mar-
quer sa place; en 1842, il se présentait
à la députation dans le département
du Gers, pour l'arrondissement de
Lombez. Il fut bien près de réussir,
car il n'échoua que d'une voix contre
un candidat légitimiste, M. de Pa-
nat.

Deux ans après, M. Guizot, séduit
par les qualités à la fois brillantes et
solides du jeune écrivain, résolut d'en
faire un auxiliaire de sa politique; il
l'appela au ministère des Affaires étrangères en qualité de sous-directeur.

Cette même année 1844, Lavergne épousait Mlle Delalande, veuve de
M. Eugène Persil, le fils de l'ancien
garde des Sceaux, substitut du procu-

reur général à la cour royale de Paris.

Cette union, formée par une inclina-
tion mutuelle, devait lui faire goûter
toutes les joies du bonheur domes-
tique.

A cette époque, la loi permettait le
cumul des fonctions publiques avec un
mandat électif. Donc, en 1846, Lavergne posait à nouveau sa candidature
dans le Gers, et cette fois il l'emportait
sur son ancien concurrent.

Il avait trente-sept ans.

La carrière s'ouvrait devant lui brillante et, semblait-il, assurée.

Ami particulier du premier ministre,
confident de ses desseins, au point
qu'un député de l'opposition, en lui
répondant à la tribune, pourra dire que

la Chambre venait d'entendre, sinon la parole, au moins la pensée du chef du gouvernement, Lavergne était, aux yeux de tous, promis aux plus hautes destinées.

Lui-même avait foi dans l'avenir du régime auquel il s'était dévoué. Il voyait dans la monarchie constitutionnelle loyalement pratiquée le port où le pays pourrait se reposer après tant d'orages.

Illusion patriotique que justifiait pleinement l'état de la France !

Au dedans, l'accord si rare de l'ordre et de la liberté sous un roi éclairé, honnête, patriote, de qui La Fayette avait pu dire « qu'il était la meilleure des républiques », entendant par là que le

prince mettrait son honneur à respecter
la loi.

Autour de lui, sa nombreuse et brillante famille, cette famille où, suivant
un mot célèbre, « tous les hommes
étaient vaillants et toutes les femmes
étaient chastes » ; des finances prospères ;
une armée magnifique, la plus belle que
la France eût connue depuis le premier
Empire, l'armée qui gagnera les batailles
de Crimée et d'Italie ; la rente au-dessus
du pair ; un mouvement d'affaires énorme, la confiance unanime, la prospérité
universelle.

Au dehors, la France respectée ayant
repris en Europe, par la sagesse et la
fermeté de sa politique, le rang qui lui
appartenait, répandant au loin son in-

fluence, si bien que (je cite Lavergne) (1)
« au moment où la Charte de 1830 s'est
écroulée, tous les peuples émerveillés
de ses résultats travaillaient à la prendre pour modèle dans leur propre gouvernement. Non seulement les consti-
tutions de Belgique, d'Espagne et de
Grèce s'étaient réglées sur la nôtre ;
mais les États les plus éloignés jusqu'alors du régime représentatif, le
Piémont, la Prusse, le royaume de Naples, étaient sur le point d'en faire de
même ».

Que de justes raisons de fierté et d'es-
pérances pour de jeunes cœurs élevés
dans le culte de la Patrie !

(1) *Revue des Deux Mondes*, 15 juillet 1850, Guillaume III et Louis-Philippe.

C'est le malheur de notre pays d'entrevoir parfois des aubes radieuses où toutes les facultés si belles de notre race, l'intelligence, le courage, le dévouement unis dans un même effort, convergeant vers le même but, semblent devoir produire, et produisent en effet, des merveilles; mais bientôt par l'instabilité de notre humeur, par l'inquiétude de notre imagination, tournant nos propres forces contre nous-mêmes, nous perdons en peu d'instants les admirables fruits de nos travaux passés.

Nouveau venu dans la Chambre, le député du Gers avait trop de tact pour se mêler inconsidérément aux grands débats qui se déroulaient avec tant

d'éclat sous les yeux de la France atten-
tive.

Toutefois il prit part à la discussion
sur les mariages espagnols.

Il parut à la tribune pour soutenir la
politique du gouvernement et en quelque sorte en qualité de lieutenant de
M. Guizot.

Son discours, écouté avec faveur, pré-
sageait un orateur. Il se recommandait
par la clarté, la vigueur de l'argumen-
tation, jointes à la facilité et à l'élégance
de la parole.

Le succès du ministère fut éclatant.

Il donnait un sanglant démenti à la
thèse favorite de l'opposition accusant
le gouvernement de Juillet de se mettre
aux genoux de l'Angleterre.

L'Angleterre était battue et ne cachait
pas son ressentiment.

Mais les oppositions chez nous ne
sont jamais à court de prétextes. Obli-
gée de reconnaître l'habileté et l'énergie
déployées par le ministère dans cette
circonstance, l'opposition proclamait
que l'attitude du gouvernement n'avait
été aussi crâne que parce qu'il s'agissait
d'un intérêt dynastique ; si l'intérêt seul
du pays eût été en jeu, le cabinet n'eût
pas montré la même vigueur.

On allait plus loin : se souciant fort
peu de se mettre en contradiction avec
elle-même, une partie de la presse oppo-
sante blâmait le ministère d'avoir compromis l'alliance anglaise, que quelque
temps auparavant elle signalait comme

une sorte de vasselage humiliant pour
la France.

Lavergne saisit l'occasion de ce
triomphe diplomatique pour faire auprès de M. Guizot une démarche qui
mérite d'être notée; il lui conseilla de
se retirer : « Vos adversaires, lui dit-il,
visent surtout votre place; c'est le pouvoir qu'ils veulent; ils en sont écartés
depuis longtemps; ils ne feront pas
mieux que vous; je crois même qu'ils
feront moins bien, et dans six mois,
dans un an, après cette abdication volontaire, vous reviendrez avec le prestige
du désintéressement. »

Le grand ministre ne crut pas devoir
écouter cet avis, dicté par une singulière
clairvoyance et par une connaissance

profonde du caractère français, ami du changement.

S'il eût suivi le conseil de Lavergne, qui peut dire si les destinées de la France n'auraient pas changé de face?

*
* *

La Révolution de Février, véritable
coup de foudre dans un ciel serein,
interrompit brusquement la carrière
politique de Lavergne.

Il s'en affligea moins pour lui que
pour le pays rejeté ainsi dans des
aventures qui devaient lui coûter si
cher.

Quant à lui, il reprit sa plume.

Les lettres, a-t-on dit justement, sont
les sublimes consolatrices de l'adver-
sité. L'écrivain tombé du pouvoir res-
sent moins amèrement sa chute; il a
dans l'étude un intérêt de tous les instants, et dans les succès littéraires un

baume souverain capable de guérir les blessures de l'amour-propre.

Aussi les hommes de lettres supportent-ils, en général, avec dignité les disgrâces de la politique.

Le fier isolement de Chateaubriand après la Restauration, l'exil volontaire de Victor Hugo, et, dans la circonstance qui nous occupe, la noble attitude de Guizot, sont dus non-seulement à la grandeur d'âme de ces hommes illustres, mais aussi au culte bienfaisant des belles-lettres.

Lavergne était revenu à la *Revue des Deux Mondes*, dont les fonctions publiques l'avaient éloigné, et dont l'amitié de Buloz lui rouvrait les portes.

8

Il en fut à nouveau un actif collaborateur.

Dès le 1ᵉʳ avril 1848, j'y trouve un article de lui intitulé : *Le Budget de la République*.

En mai et en juin, il publie des études sur l'Algérie et sur les écrits de Proudhon, et, le 1ᵉʳ août, sortant du cadre habituel de ses travaux, il s'essaie dans le roman; il écrit une nouvelle qui a pour titre *Élise*.

Il n'y faut pas chercher de grandes qualités d'invention, ni d'émouvantes péripéties. Lavergne n'avait pas à coup sûr la prétention de lutter avec les romanciers tels qu'Alexandre Dumas et Eugène Sue, qui étaient à cette époque en possession de la faveur publique.

Sa nouvelle est très simple. C'est
l'histoire d'un jeune homme phtisique,
condamné par les médecins, qui le sait,
et qui va vivre ses derniers instants sous
le ciel enchanté de Naples.

Il y rencontre une jeune fille atteinte
du même mal que lui, dont les jours
sont comptés comme les siens.

La similitude de leurs destinées, l'af-
finité de leurs natures les rapprochent ;
ils s'éprennent l'un de l'autre, se marient
et succombent à quelques heures de dis-
tance, deux jours après leur mariage.

Sur ce canevas des plus unis, Lavergne a brodé de brillantes arabesques.

Bien que le style descriptif fût beaucoup moins en honneur à cette époque
qu'aujourd'hui, il peint les paysages de

l'Italie du Sud avec un relief saisissant.

En même temps, en face de cette contrée où l'antiquité a laissé à chaque pas son empreinte, ses souvenirs classiques s'éveillent et lui dictent des pages étincelantes.

Le héros du roman, *Albert,* est assis à l'entrée du Pausilippe, sur le rocher où l'on place le tombeau de Virgile et d'où la vue s'étend sur la mer. En présence de cette nature admirable, pris d'un accès de lyrisme, il s'écrie : « Je sentais m'arriver le souffle divin qui a porté sur l'Italie l'âme de la Grèce. C'est vous surtout que j'appelais, nymphes idéales créées par le génie pastoral et qui avez été mes premières amours. J'ai cru les voir toutes reparaître à ma

voix, et la brune Thestylis qui abreuve à
l'ombre les moissonneurs lassés, et Gala-
tée qui fuit vers les saules, et la blanche
Naïs qui assortit dans sa guirlande les
mille couleurs des fleurs agrestes, et
Phyllis, qui suit d'un long adieu le départ
du bel Iolas, et la folâtre Églé qui bar-
bouille de mûres le visage de Silène
endormi. Ah! que n'étais-je pour vous
retenir, filles légères des forêts, ou le
chanteur Ménalque, ou le beau pâtre
Amyntas, ou Alphésibée qui imite en
dansant la lourde allure des satyres, ou
le jeune voleur de chevreaux qui se
cache dans les glaïeuls aux aboiements
du chien rustique. »

Ne dirait-on pas un morceau d'André
Chénier en prose?

Mais l'écrit le plus important de Lavergne à cette époque est un article publié aussi dans la *Revue des Deux Mondes*,
à la date du 15 juillet 1850, sous ce titre :
« Guillaume III et Louis-Philippe. »

Il y rendait compte d'un livre de
Guizot récemment paru et intitulé :
*Discours sur l'histoire de la révolution
d'Angleterre.*

Ce livre avait pour objet l'étude de
cette question : pourquoi la révolution
d'Angleterre a-t-elle réussi? ce qui im-
pliquait nécessairement l'examen de la
question parallèle : pourquoi la révolution française n'a-t-elle pas réussi jusqu'à présent?

Et par le mot de « révolution », Guizot entendait non pas les révolutions

de 1688 et de 1830, comme pourrait le faire croire le titre de l'article de Lavergne, mais les deux grandes révolutions de 1640 et de 1789.

Avec sa profonde sagacité, Guizot recherchait les causes qui avaient produit dans les deux pays des résultats différents.

Il croyait les trouver d'abord dans le caractère éminemment religieux de la révolution de 1640, tandis que l'esprit religieux faisait absolument défaut à celle de 1789.

La portée politique des deux événements n'était pas non plus la même; l'Angleterre ne réclamait rien de nouveau; elle ne voulait que ressaisir des droits anciens.

En France, au contraire, le mouvement n'était pas seulement national, il
était universel; il n'aspirait à rien moins
qu'à changer le sort de l'humanité tout
entière.

De ces deux révolutions, la première
était restée anglaise et politique; la
seconde était devenue humanitaire et
sociale.

Mais la partie la plus originale de
l'article, celle qui en motivait le titre et
qui était toute personnelle à Lavergne,
c'était le parallèle entre les deux
princes qui avaient tenté de finir la
révolution en lui donnant la forme de la
monarchie constitutionnelle :

Ici, je laisse la parole à l'auteur.

« Louis-Philippe était bien l'héritier

direct; Guillaume III ne l'était pas;
c'était sa femme, la princesse Marie, qui
succédait au trône d'Angleterre à l'exclusion du prince de Galles.

« Louis-Philippe était français; Guillaume III était étranger. Non seulement
le duc d'Orléans était français par le
sang, mais il l'était par le caractère et
l'esprit.

« Il avait été élevé dans les idées du
dix-huitième siècle; ses souvenirs de
jeunesse se confondaient avec ceux de
la Révolution et il avait vaillamment
contribué des premiers à repousser l'in-
vasion étrangère; le prince d'Orange,
au contraire, était moins anglais par
les idées que par la naissance; il aimait peu l'Angleterre et les Anglais.

« Le caractère personnel des deux
princes n'offre pas moins de contrastes,
tous à l'avantage du Français. Autant
Guillaume était froid, hautain, taci-
turne et dur, autant Louis-Philippe s'est
montré affable, ouvert et bienveillant.
Le premier semblait né pour le gouvernement despotique ; le second réali-
sait l'idéal d'un prince populaire et
bourgeois, du chef affectueux d'une
nation libre. En permettant cette chute
soudaine qui a dévoilé tout ce que les
partis avaient si indignement caché ou
défiguré, la Providence a vengé Louis-
Philippe des calomnies odieuses de ses
ennemis. Quand l'émeute a forcé les
serrures des secrétaires des Tuileries et
livré à une publicité sans limites les

papiers les plus intimes, qu'a-t-on trouvé?

« Ce tyran soupçonneux, égoïste et avare a été vu tel qu'il était, c'est-à-dire amoureux, et peut-être trop amoureux de popularité, généreux, et peut-être trop généreux du patrimoine de ses enfants, simple, franc, loyal et bon, dans ses relations publiques comme dans ses relations privées, homme d'État et de gouvernement, ce qui est rare, sans cesser d'être homme de famille, humain et libéral, comme il convient à un enfant de la philosophie moderne, mais n'ayant pris à cette philosophie que ce qu'elle a de bon et tout pénétré encore du grand esprit de 1789. »

Cet article, qui eut beaucoup de re-
tentissement, apporta une douce consolation aux derniers jours du souverain exilé.

Il se le fit lire à plusieurs reprises et
pria M. Guizot de transmettre ses remerciements à l'auteur.

Lavergne était sur le point de se
rendre à Claremont pour offrir au vieux
monarque un dernier témoignage de respect et d'attachement; la mort imprévue
du roi l'empêcha d'accomplir ce dessein.

Quelques mois après, il partait pour
l'Angleterre avec son ami, M. Mon,
pour apporter à la famille royale, éprou-
vée de nouveau par la mort de la reine
des Belges, l'hommage de ses condo-
léances.

Il a écrit au retour ce voyage et la réception qui lui fut faite à Claremont.
On ne lira pas sans intérêt quelques
pages de cette relation, pieusement con-
servée dans ses archives.

Les deux visiteurs, en attendant qu'on
les introduise dans le château, admirent
le parc, dont Lavergne fait une agréable
description :

« Nous n'étions, poursuit-il, que depuis quelques minutes occupés à contempler ce riant spectacle quand un
grand bruit vint nous avertir que le moment était venu de revenir sur nos pas.
Une joyeuse bande d'enfants venait de
se répandre sur le perron en poussant
de grands cris et de bruyants éclats de
rire; c'étaient les petits-enfants du roi,

au nombre de sept ou huit, qui com-
mençaient leurs jeux, et certes jamais
pension en vacances ne fit un plus charmant tapage.

« Deux des enfants passèrent en courant auprès de nous ; l'un était grand
pour son âge, très élancé, avec une
figure un peu pâle et sérieuse : c'était
M. le comte de Paris ; l'autre, plus petit
et plus animé, était son frère, M. le
duc de Chartres. L'un et l'autre parais-
saient fort occupés d'un grand cerf-
volant, qu'il s'agissait de lancer.

« Nous suivîmes tristement des yeux
ces frêles héritiers d'une couronne si
fatale. L'un et l'autre ont déjà vu de
près, le 24 février, l'horrible tumulte
d'une révolution, et nul ne sait quelles

destinées. leur réserve l'obscur avenir.

« A les voir si insouciants, si gais, on
ne peut s'empêcher de se dire qu'ils
sont mille fois plus heureux dans la
liberté de leur condition présente qu'ils
ne l'auraient jamais été aux Tuileries.
Leur sort futur serait également bien
plus doux s'ils pouvaient jouir en paix
de cette existence brillante et aisée que
donne la jouissance d'une grande fortune dans une condition privée, que
s'ils sont forcés de courir encore les
chances formidables de la royauté.

« Mais ces pauvres enfants sont nés
princes, et ce titre funeste les livre à
tous les hasards d'une situation exceptionnelle. Partout où leur nom les mènera, ils seront contraints de le suivre.

« Continuez vos jeux enfantins, Monseigneur, vous êtes encore, quoique
vous grandissiez dans l'exil, à la plus
heureuse période de votre vie.

« Nous trouvâmes dans le salon la
reine, M. le duc et Mme la duchesse de
Nemours. La reine se leva vivement en
nous voyant; elle était en grand deuil
et ses traits amaigris, sa grande taille
un peu courbée, attestaient le ravage
des chagrins et des ans; mais elle avait
encore un air remarquable de force et
de vie. Je ne pus retenir mes larmes en
voyant cette femme et cette mère qui
portait à la fois le deuil de son mari et
de trois de ses enfants,

« Elle adressa alors quelques paroles
à Mon pour le remercier de sa visite,

et, se tournant ensuite vers moi :

« Ah! monsieur de Lavergne, quel
« article! Nous l'avons lu bien des fois,
« le roi et moi, et je regrette bien que
« vous n'ayez pas entendu de sa bouche·
« ce qu'il aurait été si heureux de vous
« dire. »

« Elle ajouta encore bien d'autres paroles bienveillantes, que j'entendis à
peine tant j'étais ému. M. le duc de Nemours s'approcha à son tour pour m'a-
dresser les mêmes remerciements, et
Mme la duchesse de Nemours, plus
belle et plus gracieuse que jamais, y
joignit les siens, accompagnés du plus
charmant sourire. Certes jamais auteur
ne fut mieux payé de ses peines; ces
augustes témoignages me touchèrent

9

d'autant plus que je ne les avais pas
cherchés. »

La conversation s'engage entre la
famille royale et les deux visiteurs, trop
longue à la fois et trop intime pour
être rapportée ici.

Je crois pouvoir néanmoins en reproduire la fin, pleine de mélancolie et de
noblesse :

« La reine s'étant levée pour nous
donner congé, tout le monde se leva.

« Au moment où j'allais sortir, la
reine vint à moi et me tendit la main :

« Que je vous remercie encore », me
dit-elle avec expression, « du bien que
« vous avez fait au roi ! Je suis heureuse
« que vous m'ayez fourni l'occasion de
« vous le dire moi-même. »

« Puis d'une voix basse et sérieuse,
elle ajouta :

« Ne croyez pas que je désire quel-
« que chose pour l'avenir. Éprouvés
« comme nous le sommes, je ne sais
« pas ce que je dois désirer pour ma
« famille. Mais je voudrais voir la
« France plus heureuse et plus calme;
« c'est mon seul vœu; c'était le seul
« vœu du roi, qui était le meilleur des
« Français, comme il était le meilleur
« des maris et des pères. »

« — Que Votre Majesté prie pour
nous », répondis-je, Dieu doit aimer et
écouter sa voix.

« — Vous pouvez bien vous dire »,
me dit à son tour M. le duc d'Aumale
en nous reconduisant, « que vous avez

« adouci les derniers moment du roi.

« Vous avez été pour lui la voix de l'his-

« toire.

« — C'est une grande consolation
pour moi, Monseigneur.

« — Et une grande aussi pour nous »,
ajouta gracieusement le prince, en me
serrant la main. »

Ces pages dont Lavergne n'avait parlé
à personne, dont ses plus intimes amis
ne soupçonnaient pas l'existence, re-
trouvées par hasard dans ses papiers, et
qui, par conséquent, n'étaient point destinées à la publicité, le montrent dans
toute la simplicité et toute la générosité
de sa nature.

Il connaissait à peine la famille royale,

il le dit lui-même dans cette relation :

« J'allais très rarement aux Tuileries et je n'avais guère vu le roi et sa famille, à l'exception pourtant de M. le duc d'Aumale, que dans les réceptions officielles. J'ai pour les princes beaucoup de respect, mais peu d'attrait ; je me sens auprès d'eux très mauvais courtisan, fort peu sensible aux prévenances banales qu'ils sont obligés d'avoir pour tout le monde, fort gêné en présence de gens qui ne peuvent avoir avec moi aucun abandon. »

Il n'avait rien à attendre de cette famille déchue de sa grandeur, car il avait entrevu dès les premiers jours de la révolution de Février que le torrent de la démocratie, débordant ses rives, ne pourrait plus rentrer dans le lit que la royauté avait essayé de lui creuser.

Mais, touché du bien que la monarchie de Juillet avait fait à la France, touché des efforts intelligents et courageux tentés pour donner au pays un gouvernement à la fois libre et stable, il avait voulu témoigner aux nobles exilés son admiration et sa reconnaissance.

Parmi les institutions fondées par la seconde république, une des plus utiles était l'Institut agronomique.

C'était une sorte d'école normale de l'agriculture, joignant à l'enseignement scientifique le plus élevé la pratique approfondie de la culture, à la fois école de théorie et d'application.

Le gouvernement d'alors s'était montré envers cet établissement d'une libéralité sans égale.

Il en avait fixé le siège à Versailles. On avait affecté aux différents services de l'Institut les bâtiments occupés jadis par la maison du roi et l'on avait détaché du parc près de mille hectares pour servir aux expériences agricoles.

Pour que la faveur n'eût aucune part dans le choix des professeurs, les chaires furent mises au concours.

Il en résulta un enseignement de premier ordre, en tête duquel on voyait figurer MM. Wurtz, Becquerel, Baudement, Doyère, Duchartre, et autres qui tous, ou presque tous, devinrent plus tard membres de l'Institut de France.

La direction de cette grande école était confiée à M. le comte de Gasparin, ancien ministre, membre de l'Académie des sciences.

La chaire d'économie et de législation rurales avait suscité de nombreux concurrents.

Tout ce que l'agriculture cômprenait d'hommes considérables, les Barral, les Lecoulteux, les François Bella, étaient entrés en lice; mais l'on ne fut pas médiocrement surpris d'apprendre que Lavergne se mettait sur les rangs.

Je ne crois pas exagérer en disant qu'à cette époque son savoir, en fait d'agriculture, n'allait pas au delà des *Géorgiques.*

Il avait acheté en 1846, pour employer la dot de sa femme, un château dans la Creuse, le château de Peyrusse, environné d'une terre de trois cents hectares. Mais je doute qu'en raison des exigences de sa double situation de diplomate et de député, il y eût mis les pieds depuis son acquisition. A coup

sûr, il était resté complètement étranger
à l'exploitation de ce bien rural.

C'était donc une carrière nouvelle
qu'il entreprenait, et les professionnels
ne le voyaient point sans un sourire légèrement ironique s'y aventurer. Comment admettre en effet qu'un esprit, si
compréhensif qu'on pût l'imaginer, s'as-
similerait en quelques mois une science
aussi vaste, aussi variée, qui exigeait
non seulement des connaissances étendues, mais une expérience consommée?

L'événement toutefois donna raison
à la tentative hardie de Lavergne. Après
un concours des plus brillants, il fut
nommé professeur d'économie et de législation rurales à l'Institut agronomique.

On put croire, pour expliquer ce
résultat inattendu, que son succès était
dû surtout à son talent oratoire et que
son éloquence avait fasciné le jury. Certains se demandaient si le fond répon-
drait à l'éclat de la forme, et ce que
seraient les leçons de ce savant improvisé.

Elles furent absolument remarquables. Le cours de Lavergne fut un des
plus suivis de l'Institut agronomique.

Il groupait autour de lui en même
temps que les élèves de l'école, tous
avides de l'entendre, un grand nombre
de personnes venues du dehors.

Lavergne avait au plus haut degré
les deux qualités essentielles de l'enseignement : la clarté et le charme.

Les esprits les plus étrangers aux
choses de l'agriculture étaient tout
d'abord émerveillés de la facilité avec
laquelle il les faisait pénétrer dans les
arcanes de cette science jusqu'alors fer-
mée pour eux.

Les détails techniques présentés avec
art perdaient leur aridité, et, tout en
demeurant pratique, le professeur faisait envisager l'agriculture sous ses as-
pects les plus élevés d'utilité sociale et
de richesse publique.

Çà et là des anecdotes piquantes, des
traits spirituels réveillaient l'attention
de l'auditoire, et, la leçon finie, on se
disait qu'elle n'eût point été déplacée à
la Sorbonne ou au Collège de France.

Il ne reste de cet enseignement que

des témoignages auriculaires, car les cours de Lavergne n'ont point été recueillis. Mais parmi les élèves qui suivaient ses leçons, il en est encore — M. Tisserand, M. Prilleux, M. Risler — qui peuvent attester la séduction absolue exercée par le professeur sur son jeune auditoire.

Lavergne professa à l'Institut agronomique pendant deux ans, de 1850 à 1852.

Un événement inattendu vint brusquement mettre fin à son enseignement.

Il était à Peyrusse lorsqu'il apprit par le *Moniteur universel* la suppression de l'Institut agronomique.

Un préjugé répandu à cette époque dans les sphères officielles contre l'ap-

plication de la science à l'agriculture
avait décidé sans autre forme de procès,
sans discussion, sans enquête, par un
simple trait de plume, la destruction de
la grande école dont l'agriculture se
promettait les plus heureux résultats.

Pour la seconde fois, la carrière de
Lavergne était brisée. Le professorat,
où il avait déjà obtenu de si beaux succès, lui était fermé; avec la douce philosophie qui ne le quittait jamais, il disait en riant qu'en supprimant l'Institut
agronomique on avait pourvu au sort
des animaux répartis dans les fermes
modèles, mais qu'on n'avait pas songé
aux professeurs.

Sa constance ne fut pas ébranlée par
ce coup imprévu.

Il s'était ouvert une voie nouvelle dans laquelle il entrevoyait une série pour ainsi dire indéfinie d'études attrayantes et fortes; il avait la conscience que son labeur devait être utile aux hommes; la vie studieuse et solitaire qu'il allait mener réjouissait sa belle âme, bien vite déprise des agitations mesquines de la politique et des luttes stériles de l'ambition.

C'est le sentiment qu'il a exprimé en termes éloquents dans la préface de son *Économie rurale en Angleterre* :

« Je m'adresse surtout, disait-il, à ceux qui, comme moi, se sont tournés vers la vie rurale, après avoir essayé d'autres carrières, et par dégoût des révolutions de notre temps. Au sein de

la nature qui ne change pas, ils trouve-
ront ce qu'ils cherchent, l'activité dans le
calme et l'indépendance par le travail. »

Il avait d'abord songé à publier son
cours d'économie rurale professé à l'Institut agronomique. Un autre dessein,
dès longtemps arrêté dans son esprit,
modifia ses résolutions, et depuis, à
travers les nombreuses études auxquelles il s'est livré, il n'a pas trouvé
le temps de réaliser cette publication.

Le monde agricole y a perdu assuré-
ment, bien qu'en échange Lavergne lui
ait donné un livre qui, en son genre,
est un chef-d'œuvre ; je veux parler de
l'*Économie rurale en Angleterre, en
Écosse et en Irlande.*

Frappé de la supériorité de l'agriculture anglaise, Lavergne avait voulu l'étudier sur place.

Dans l'été de 1851, après avoir visité la première Exposition universelle inaugurée à Londres, il fit en Angleterre un séjour prolongé.

Il avait la bonne fortune d'avoir pour compagnon de route, indépendamment de son beau-frère, M. Fossin, son ami Ampère.

En cette aimable et docte compagnie, Lavergne entreprit de visiter les grandes exploitations rurales du Royaume-Uni. Il y consacra plusieurs mois, étudiant avec un soin scrupuleux tous les éléments de la richesse agricole du pays, les conditions du sol et du climat, les races d'animaux,

les méthodes de culture, négligeant
pour la ferme le château où d'ai-
mables instances cherchaient à le retenir.

_ Puis, quand son butin fut recueilli, il
songea à regagner la France; mais en
cette conjoncture, l'un de ses compa-
gnons lui fit défaut.

Ampère s'embarquait pour New-York,
d'où il devait rapporter le charmant ré-
cit qu'il a publié sous le titre de *Promenade en Amérique.*

A son retour, il racontait une plaisante méprise des Américains à son
sujet.

Il avait si bien profité des leçons de
Lavergne, et il traitait avec une telle
compétence les questions agricoles,

qu'on s'y était trompé, et qu'on l'avait pris non pour un académicien en voyage, mais pour un professeur d'agriculture.

Lavergne mit près de trois ans à mûrir son œuvre; c'est seulement en 1854 qu'il publia l'*Essai sur l'économie rurale de l'Angleterre, de l'Écosse et de l'Irlande.*

On me permettra de m'y arrêter un instant, d'abord parce que le livre a fait du bruit à son apparition, et puis parce qu'il est le point de départ de la production scientifique de l'auteur.

Je n'ai point à m'étendre sur son mérite au point de vue agricole; le suffrage des juges compétents l'a depuis longtemps consacré.

J'y voudrais seulement relever une

qualité assez rare dans les livres de
science : l'agrément de la forme et le
charme du style.

Lavergne ne s'était pas borné à l'étude
technique de la culture anglaise; il avait
élevé son sujet et recherché soit dans
les mœurs, soit dans les institutions de
l'Angleterre, les causes de la supériorité
de son agriculture.

En outre, en écrivant son livre, il
avait, c'est lui-même qui le dit, les yeux
constamment fixés vers la France, et,
comme malgré lui, il établissait un parallèle entre les deux pays.

La cause la plus puissante, suivant
l'écrivain, de la prospérité agricole de
l'Angleterre, c'est la passion des Anglais
pour la nature.

Dans un chapitre intitulé la « Vie rurale », il trace l'intéressant tableau des
mœurs champêtres en Angleterre; il
montre toutes les classes de la société
éprises de la vie agreste, cherchant, suivant leurs moyens de fortune, à en goûter la douceur.

Il nous introduit dans la résidence
fastueuse du grand seigneur anglais et
nous décrit son genre de vie, imité par
le gentilhomme campagnard, lequel est,
à son tour, imité par le fermier.

Il n'a garde d'omettre les plaisirs de
la campagne, le sport universellement
répandu dans la population britannique.

« Les femmes elles-mêmes, dit-il,
préfèrent ces plaisirs à tous les autres :

donnez à une jeune fille anglaise le choix
entre une promenade à cheval et une
soirée au bal, son choix n'est pas douteux; elle aussi aime à franchir les haies
et à courir comme le vent. »

Ce goût de la vie champêtre, Lavergne
en retrouve la trace dans la littérature
et principalement dans la poésie an-
glaises.

Avec autant de sagacité que d'érudi-
tion il montre que tous les poètes,
depuis Shakespeare jusqu'à Thompson,
depuis Milton jusqu'à Pope, ont donné,
avec la nuance personnelle de leur
génie, la note bucolique.

Dans un ingénieux rapprochement, il
observe qu'au moment même où parais-
sait la *Henriade,* ce poëme dans lequel,

comme on l'a dit spirituellement, il n'y a même pas d'herbe pour les chevaux, Thompson chantait les saisons dans le plus magnifique langage, Grey publiait ses *Élégies* et Goldsmith son *Vicaire de Wakefield*.

Se plaçant au point de vue politique, l'auteur constate que la résidence de l'aristocratie anglaise dans ses terres a eu pour elle les plus utiles résultats.

Tandis qu'en France les grands seigneurs, désertant leurs châteaux, s'entassaient dans les antichambres de la monarchie absolue, et devenaient de plus en plus étrangers aux besoins et aux intérêts du pays, la noblesse britannique, gardant le contact avec les populations, conservait sur elles et accroissait son influence.

Et, fait qui mérite d'être signalé, les souverains anglais ne cherchaient pas à attirer et à retenir auprès d'eux des courtisans de leur puissance. Lavergne cite à ce propos un mot admirable de la reine Élisabeth :

« Quand elle voit les nobles sortir de leurs châteaux pour affluer à sa cour, elle les engage elle-même à retourner dans leurs terres, où ils auront plus d'importance.

« Voyez, leur dit-elle, ces vaisseaux
« accumulés dans le port de Londres ; ils
« y sont sans majesté, sans utilité, les
« voiles abattues et les flancs vides, con-
« fondus et pressés les uns contre les

« autres ; supposez qu'ils enflent leurs
« voiles pour se disperser sur l'immen-
« sité des mers, chacun d'eux sera libre,
« puissant et superbe. »

« Comparaison pittoresque et vraie,
mais que Henri IV, contemporain d'Élisabeth, et son petit-fils Louis XIV, n'auraient jamais faite. »

Cette étude magistrale fit sensation.
Le succès en fut aussi retentissant que
durable ; car l'*Essai sur l'économie ru-*
rale de l'Angleterre, de l'Écosse et de l'Ir-
lande a été traduit dans presque toutes
les langues de l'Europe, et les académies
étrangères ont spontanément nommé
Lavergne pour leur correspondant.

Mais l'approbation la plus flatteuse à
ses yeux fut celle de l'Académie des

sciences morales et politiques, qui lui
ouvrit ses rangs immédiatement après
la publication de son ouvrage.

Il fut élu, le 30 juin 1855, en rempla-
cement de Léon Faucher.

L'année précédente, à la date du
15 mars 1854, il avait été nommé membre de la Société centrale d'agriculture
de France.

A partir de ce moment, la production de Lavergne ne s'arrêta plus jusqu'à l'époque où la politique le reprit.

C'est à Peyrusse qu'il a composé presque tous ses ouvrages. Il y restait sept mois de l'année.

Comme tous les grands travailleurs, il s'était fait un genre de vie uniforme et réglé.

La matinée, commencée presque avec le jour, était consacrée aux travaux intellectuels.

A côté de son cabinet de travail se trouvait une immense pièce convertie par lui en une bibliothèque où il avait

réuni, indépendamment de nombreuses
œuvres littéraires, tous les livres importants publiés sur l'économie politique et
l'agriculture, et où il puisait sans cesse.

Il ne revêtait pas, comme Buffon, un
habit de cérémonie pour écrire et son
éloquence n'avait pas besoin de man-
chettes; mais des fenêtres de son cabinet il aimait à contempler le riant
paysage qui se déroulait sous ses yeux :
une immense prairie légèrement on-
dulée où ses vaches bretonnes mettaient
une note blanche et noire sur le fond
éclatant de la verdure, à l'horizon, la
masse sombre de ses imposantes futaies,
et sur le côté, ourlant la prairie de son
onde écumeuse, le ruban argenté du
Taurion.

C'était un lieu véritablement inspira-
teur ; les bénédictins, si épris du pittoresque, auraient pu le choisir pour y
placer leurs cellules.

L'après-midi était réservé aux courses
dans la campagne et à la visite des fer-
miers.

Lavergne retrouvait là, si je puis
ainsi parler, le professorat qui lui avait
échappé. Rien de plus rétif, on le sait,
rien de plus difficile à convertir aux
idées nouvelles que le paysan. Sa résis-
tance instinctive se doublait encore,
dans la circonstance, de son intérêt.

A l'époque dont je parle, on ne connaissait dans le pays que le métayage,
c'est-à-dire le partage des récoltes entre
le propriétaire et le colon partiaire. Ce

dernier se croyait en droit de s'opposer
à des innovations qui, dans sa pensée,
pouvaient compromettre l'avenir.

Il fallait des démonstrations sans fin,
des raisonnements à perte de vue pour
lui persuader de renoncer à sa routine
habituelle.

Encore Lavergne y perdait-il bien
souvent son latin.

Aussi fit-il rentrer sous son administration, ou, pour parler plus exacte-
ment, dans sa réserve, presque toutes
ses métairies, et dès lors sa présence
dans ses domaines était d'autant plus
nécessaire.

C'est dans cette retraite studieuse
qu'il passa les dix-huit années de l'Empire, livré tout entier à ses travaux scien-

tifiques et à l'exploitation de sa terre.

Il avait rencontré dans sa femme le plus dévoué et le plus intelligent des auxiliaires.

Mme de Lavergne était une de ces femmes d'autrefois qui estimaient que leur rôle dans la vie était de se plier aux idées, aux goûts, aux habitudes de l'époux qu'elles s'étaient choisi, de le seconder dans ses travaux, de contribuer dans la mesure de leur force à ses succès.

Aussi, en présence de la résolution prise par Lavergne d'habiter la campagne, elle n'hésita pas un instant; elle accepta très volontiers cette existence nouvelle, et cette Parisienne élégante et mondaine devint en peu de mois une fermière accomplie.

Debout dès l'aube, elle surveillait les différents travaux de la campagne, depuis la traite des vaches jusqu'à la tonte des moutons.

Pendant la récolte des foins, principal produit de la terré, elle allait dans les prés encourager les travailleurs, présider à la fenaison, au chargement, à la rentrée des voitures, et, dans les loisirs que lui laissait le travail agricole, elle visitait les pauvres et les malades et leur portait les médicaments et les consolations dont ils avaient besoin.

Je ne sais rien de plus noble que ces deux existences solitaires, consacrées au travail et à la charité, embellies par leur mutuelle affection.

Chaque année, Lavergne montrait
avec orgueil les champs qu'il avait dé-
frichés, les progrès qu'il avait faits sur
la lande inculte, dont il reculait sans
cesse les frontières, ou bien encore
c'étaient des semis d'arbres verts qui
en peu de temps prenaient des pro-
portions respectables, des chemins,
des avenues qu'il traçait dans son do-
maine.

Souvent sous l'agriculteur reparais-
sait le lettré; il mêlait à ses travaux
champêtres des souvenirs classiques.

La salle à manger du château donnait
sur une immense cour de ferme semée
de gazon, et c'était le plus habituelle-
ment au moment des repas que les
troupeaux regagnaient l'étable.

Encore imbu du souvenir d'Horace,
il voulait faire graver en lettres d'or sur
une plaque de marbre ces vers char-
mants de la délicieuse épode où le poète
vante les agréments de la campagne :

> Has inter epulas ut juvat pastas oves
> Videre properantes domum ;
> Videre vomerem inversum boves
> Collo trahentes languido (1).

Il y avait dans la montagne auprès
d'une de ses métairies une fontaine
d'une transparence admirable, entourée
de mousses, de lichens et de fougères,
sous un berceau formé de chênes et de
hêtres, dont les rameaux entrelacés
défiaient les ardeurs du soleil, véritable

(1) Qu'il est doux, pendant qu'on est à table, de
voir les brebis, de retour du pâturage, s'empresser
vers la maison ; de voir les bœufs traîner de leur
cou nonchalant le soc renversé de la charrue.

oasis de verdure où l'on goûtait une fraîcheur délicieuse.

En la montrant, il ne pouvait s'empêcher de s'écrier :

O fons Bandusiæ, splendidior vitro (1)!

Il avait un sentiment très vif de la nature; chez lui le statisticien n'avait point étouffé le poète.

Il publia en 1860 l'*Économie rurale de la France depuis 1789.*

C'est, avec l'*Essai sur l'agriculture de l'Angleterre,* l'œuvre la plus considérable de Lavergne.

Mais il ne faut pas croire qu'en l'écrivant il ait eu l'intention de faire un

(1) O fontaine de Bandisie, plus limpide que le cristal !

pendant à son premier travail et d'en renouveler le succès.

Il avait trop d'esprit pour ne pas savoir qu'on ne réussit guère deux fois dans le même genre. Le sujet, tout différent, lui avait d'ailleurs été fourni par l'Académie des sciences morales elle-même; elle avait désiré qu'il traitât l'importante question de l'influence de la Révolution française sur l'agriculture.

C'était de la part de l'illustre compagnie une marque de confiance bien précieuse pour celui qui en était l'objet, et, d'autre part, on comprend que l'Académie ait désiré connaître sur ce point intéressant l'opinion d'un homme aussi compétent à la fois en agriculture et en politique.

Lavergne a exprimé sa pensée sans détours.

On n'avait point encore inventé à cette époque la fameuse théorie du bloc, qui consiste à n'envisager la Révolution que dans son ensemble et à la glorifier dans ses principes sans tenir compte des crimes qui l'ont souillée.

Cette apologie, je suis tenté de dire cette idolâtrie, ne pouvait trouver grâce devant l'esprit si droit et si indépendant de l'écrivain.

Il rend justice aux principes nouveaux introduits dans nos lois par la Révolution; il déclare qu'ils ont été favorables à l'agriculture; mais il ajoute que les excès de tout genre qu'on a eu à déplorer pendant la période révolu-

tionnaire en ont retardé le bienfait, qui
ne s'est produit que lorsque la sépara-
tion s'est faite entre les bonnes et les
mauvaises conséquences de la Révolution.

En principe, Lavergne est l'ennemi
des révolutions; il appartient à cette
école qui estime que le progrès peut
être obtenu pacifiquement et que les
violences qui ont la prétention de l'imposer ne font qu'en ajourner l'avène-
ment.

En un mot, à la révolution il préfère
l'évolution.

Suivant lui, la révolution agricole
commencée par les édits de Turgot de
1774, 1775 et 1776 sur la liberté du
commerce des grains et sur l'abolition

de la corvée, était consommée par la loi
du 11 août 1789, réglementant l'élan
magnifique de la nuit du 4 août sur
l'abolition des privilèges.

Si l'on y ajoute la Déclaration des
droits et la loi du 28 septembre 1791
sur les biens et usages ruraux édictant
la liberté du territoire français et le
droit pour les propriétaires de varier à
leur gré la culture et l'exploitation de
leurs terres, on a un ensemble de dis-
positions plus que suffisantes pour éta-
blir en France le régime nouveau et
fonder la prospérité agricole.

Aussi s'élève-t-il de toutes ses forces
contre les mesures spoliatrices telles
que la vente générale des biens du
clergé, ainsi que la confiscation et la

vente des biens des émigrés, des dépor-
portés et des condamnés révolution-
naires.

Ces mesures, il les repousse au nom
de la liberté.

On me permettra de citer tout entière l'éloquente protestation qu'il fait
entendre à cet égard, et qui emprunte
à des événements récents une significa-
tion particulière. Parlant de la persécu-
tion dirigée contre le clergé, il s'écrie :

« Ces religieux remplissaient pour la
plupart une fonction utile en se livrant
à l'étude, à l'enseignement, à l'au-
mône, à la garde des malades, et quand
même ils n'auraient été bons à rien,
personne n'avait le droit de violenter
leur conscience. Tout ne se mesure pas

en ce monde par l'utilité matérielle; la
méditation, l'abstinence, la pénitence,
la prière, le repos même, ont aussi
leurs droits.

« Pour que la liberté personnelle fût
entière, il suffisait que la législation ne
reconnût pas les vœux perpétuels et
qu'aucune vocation ne fût contrainte;
le reste ne regardait pas le pouvoir
temporel. On ne pouvait, sans violer la
liberté même, chasser des cloîtres par
la force ceux qui voulaient y rester. »

En ce qui concerne les biens des
émigrés, des déportés et des condamnés révolutionaires, le résultat
qu'on se proposait a été à peu près illu-
soire.

La somme des domaines confisqués

de la sorte était énorme à l'origine. Elle avait une valeur de deux à trois milliards et représentait avec les domaines de la couronne environ un tiers du territoire.

Mais l'opération n'a pas été poussée jusqu'au bout; plus de moitié de ces biens n'ont pu être vendus et ont fait retour en nature à leurs propriétaires soit pendant l'Empire, soit en vertu de la loi du 5 décembre 1814.

La dépossession réelle n'a pas dépassé trois ou quatre cents millions, et elle a été compensée pour la noblesse qui l'avait subie par des mariages, en sorte qu'aujourd'hui la plupart des familles que la Révolution avait cru ruiner sont plus riches qu'avant 1789.

Telle est ce que Lavergne appelle l'im-
puissance des révolutions quand elles
veulent changer le monde à leur guise!

Pour arriver à une plus égale répar-
tition du sol, il n'était pas besoin de la
confiscation ni de l'échafaud; deux
mesures bien simples suffisaient : l'abolition du droit d'aînesse et l'abolition
des substitutions.

Le droit d'aînesse était condamné
depuis longtemps déjà par l'opinion,
même en Angleterre, où le docteur
Johnson disait que l'avantage de cette
combinaison était de ne faire qu'un *sot*
par famille.

Quant aux substitutions, elles favo-
risent la dissipation et les dérèglements
en ce qu'elles donnent à une classe de

la société ce que l'auteur appelle spirituellement « le privilège d'une banque-
route légale et périodique ».

Telles sont les idées de Lavergne sur
la grave question dont l'examen lui
avait été confié par l'Académie des
sciences morales.

De son étude approfondie il était
amené à conclure que les mesures révo-
lutionnaires ont peu profité à l'agriculture, puisque la plupart de leurs résultats auraient pu être obtenus sans
spoliation et sans secousse, par le seul
effet de l'égalité civile et de la liberté
politique inaugurée en 1789.

La partie du livre consacrée à l'agriculture, et qui est, bien entendu, la
principale, n'est pas moins intéressante

que la partie historique. Avec un art
singulier l'auteur a su éviter la mono-
tonie inhérente à son sujet.

Il nous promène dans toutes les ré-
gions de la France, si différentes par le
climat, la nature du sol, les productions, les races d'hommes, et il sait
répandre sur ce voyage pittoresque et
instructif la variété et le charme.

Un peu avant cette publication, et
dans l'ordre des études agricoles, Lavergne faisait paraître, en 1857, un
livre important, *l'Agriculture et la population,* suite d'articles publiés dans la
Revue des Deux Mondes, à propos de
l'Exposition de 1855.

Un des premiers, sinon le premier,
il y a de cela un demi-siècle, il poussait

un cri d'alarme en signalant à l'attention générale cette grave question de la
dépopulation de la France qui préoc-
cupe aujourd'hui les pouvoirs publics.

Dans une savante dissertation, il ana-
lysait les causes du mal et y proposait
des remèdes qui malheureusement n'ont
pas été mis en pratique.

Il écrivait également une intéressante
introduction aux *Voyages* d'Arthur
Young.

Puis revenant à la politique, il publiait une brochure sous ce titre : *la
Constitution de 1852.*

Une autre œuvre plus considérable
parut en 1863.

C'est l'histoire des *Assemblées pro-
vinciales sous Louis XVI*, créées pour

faire contrepoids au pouvoir sans contrôle qu'avaient exercé jusqu'alors les intendants.

En même temps, Lavergne publiait une galerie des *Économistes français au dix-huitième siècle*, suite de monographies où l'on voit défiler tour à tour l'abbé de Saint-Pierre, Quesnay, le marquis de Mirabeau, Turgot, Dupont de Nemours, toutes physionomies aussi remarquables par leurs lumières que par leur originalité.

Bien d'autres productions moins importantes, éparses dans les revues du monde savant, sont sorties de la plume de Lavergne. La liste en serait trop longue pour être rapportée ici. Elle n'aurait d'autre intérêt que de faire res-

sortir l'activité infatigable et la rare facilité de l'écrivain.

Au milieu de ces travaux si nombreux,
si variés, il trouvait encore le temps de
correspondre avec ses amis, M. Guizot,
M. de Tocqueville, M. Vuitry, M. de
Quatrefages et tant d'autres.

***

Deux circonstances faillirent arracher Lavergne à sa laborieuse retraite.

En 1863, Il fut candidat aux élections législatives dans le Gers, qu'il avait déjà représenté sous Louis-Philippe à la Chambre des députés.

Il ne fut point élu.

Il avait à combattre la candidature officielle qui fonctionnait à haute pression dans le département et qui se traduisait par de flagrantes illégalités.

Pour en donner une idée, il me suffira de dire que l'heure du scrutin, fixée par la loi à huit heures du matin, avait été avancée dans la plupart des

12

communes, où le scrutin s'était ouvert à
six et même à cinq heures.

En vain, lors de la discussion de cette
élection au Corps législatif, M. Émile
Ollivier s'éleva-t-il, avec son éloquence
enflammée, contre de semblables pra-
tiques qui constituaient une véritable
violation de la loi et faussaient l'élection. En même temps il mettait en garde
la Chambre contre ce préjugé répandu
parmi les amis du pouvoir que les can-
didats qui avaient appartenu aux ré-
gimes déchus étaient, malgré le serment
qu'on leur avait imposé et qu'ils avaient
prêté, des adversaires irréconciliables
de l'Empire.

« Comment! disait-il, lorsque l'ho-
norable M. de Persigny, ministre de

l'Intérieur, prit possession de son ministère en 1860, la première parole qu'il adressa à ses préfets fut celle-ci : « Tâ-« chez de ramener les hommes qui « jadis ont honoré la France ; faites-« leur comprendre qu'il n'est pas bien « de se tenir à l'écart ; qu'il vaut mieux « qu'ils entrent dans les institutions du « pays et qu'ils nous aident des con-, « seils de leur expérience. »

« Aussi que d'applaudissements ! Combien partout on célébra aussitôt le patriotisme, le libéralisme, l'intelligence de M. le ministre de l'Intérieur ! Les journaux n'étaient pleins que de cela.

« Comment donc, par quelle espèce de revirement imprévu, lorsque ces hommes considérables répondent à vo-

tre appel; lorsque, comme vous l'avez
désiré, ils rentrent dans l'arène; lorsqu'ils arrivent dans cette Assemblée
pour faire entendre une voix que la
France ne connaît pas depuis trop longtemps et qu'elle accueillera avec bonheur, comment se fait-il que vous les
traitiez en rebelles et que vous les ac-
cueilliez par des injures? »

Inutiles efforts! Objurgations super-
flues!

La majorité avait son siège fait. Elle
accepta sans broncher l'explication ou
plutôt la défaite des commissaires du
gouvernement venant dire : de quoi se
plaint le candidat? Loin d'abréger la
durée du vote, on l'a augmentée, et
l'un de ses coryphées habituels crut

faire un trait d'esprit en disant : Abondance de biens ne nuit pas.

Quant à l'objection si grave tirée de ce que le changement d'heure dans l'ouverture du scrutin pouvait avoir une sérieuse influence sur la composition du bureau, garantie essentielle de la sincérité du suffrage, elle fut à peine effleurée.

La seconde circonstance avait trait à l'Académie française.

Bien que Lavergne fût pleinement satisfait d'avoir vu ses travaux récompensés par le titre de membre de l'Académie des sciences morales et politiques, beaucoup de ses amis auraient voulu le voir entrer à l'Académie française.

Voici la lettre que lui écrivait Ampère à ce sujet :

« Ce dimanche, Pau (Basses-Pyrénées).

« Mon cher ami,

« Je vois avec plaisir que le moment
est venu où vous pensez à l'Académie
et où d'autres y pensent pour vous.

« Vous savez que j'ai toujours approuvé ce dessein et vous ai engagé à y
donner suite.

« Vous êtes un candidat selon mon
cœur, non pas seulement à cause de
notre vieille amitié, mais parce que
vous représentez pour moi la littérature
agrandie, élargie au moins, de notre
temps, c'est-à-dire l'art d'écrire appliqué aux sujets scientifiques. Je ne peux
consentir, quelle que soit l'opinion de
ceux qui demandent à tout prix des

hommes de lettres ; je ne puis consentir à la borner aux auteurs de pièces de théâtre et de romans, dans un temps où le roman et surtout le théâtre, à quelques exceptions près, ne sont certainement pas dans la voie de l'art.

« Je ne repousse point le journalisme, qui est une des manifestations les plus vivantes de l'esprit de nos jours.

« Mais alors vient une autre difficulté : un assez bon nombre de concurrents s'offrent, et il devient difficile de donner à l'un sur les autres un avantage assez grand pour le choisir à leur exclusion.

« Ce qui le prouve, c'est que lorsque je suis parti, ceux qui, à ce qu'il semble, portent M. Cuvillier-Fleury, portaient

M. Janin... Comme vous êtes sur les lieux, vous pouvez mieux juger que moi des causes de ce changement qui m'a surpris. Expliquez-le-moi, je vous prie. »

D'autres académiciens éminents, Montalembert, l'évêque d'Orléans, Guizot surtout, très influent alors à l'Académie, l'encourageaient dans cette voie.

Mais un de ses amis ayant manifesté l'intention de poser sa candidature, il s'effaça devant lui, et depuis, la politique d'abord, la maladie ensuite, le firent renoncer à ce dessein.

Le Quatre-Septembre lui rouvrit d'une façon inattendue la vie politique.

Il était dans sa terre de Peyrusse, gémissant sur les malheurs de la Patrie et désolé de ne pouvoir rien pour elle, lorsqu'en février 1871 il apprit par une dépêche de Bordeaux qu'il avait été élu par le département de la Creuse député à l'Assemblée nationale.

Il ne s'était pas présenté; il n'avait fait aucune profession de foi; personne n'avait soutenu sa candidature, et cependant son nom, par une entente tacite des électeurs, s'était trouvé sur presque toutes les listes.

Hommage spontané de ses compatriotes d'adoption, auquel il fut très sensible et dont il devait dans son testament leur témoigner sa gratitude!

Il partit immédiatement pour Bordeaux, où l'Assemblée se réunissait, et prit une part active à ses travaux.

L'état de sa santé ne lui permit pas d'aborder souvent la tribune, il en ressentait une fatigue extrême; pourtant, dans les années 1872 et 1873, il a prononcé d'importants discours sur le budget, sur le recrutement de l'armée, sur la nomination des maires, sur les impôts, et en particulier sur l'impôt sur le revenu.

C'est surtout dans les Commissions que sa compétence exceptionnelle en ma-

tière de finances et d'économie politique faisait rechercher son avis et lui
donnait une influence sérieuse.

On en eut une preuve éclatante dans
le vote de la Constitution de 1875.

On sait qu'elle ne fut adoptée qu'à
une voix de majorité. Or Lavergne avait
réuni autour de lui un certain nombre
de ses collègues, ou plutôt quelques
députés, rendant hommage à ses lumières et à l'indépendance de son caractère, venaient d'eux-mêmes chercher
auprès de lui les directions de leur politique. On les appelait le « groupe Lavergne ». Que ferait ce groupe? quelle
ligne de conduite adopterait-il dans la
question si grave de la Constitution?

Allait-il se prononcer pour la procla-

mation immédiate de la République ou
pour la continuation du régime innommé
sous lequel la France avait vécu depuis
1870?

Dans la notice autobiographique qu'il
a laissée, Lavergne indique en ces
termes les raisons qui l'ont décidé en
faveur de la République :

« A l'Assemblée, toutes mes préférences ont été pour la monarchie constitutionnelle; mais quand il m'a été
démontré que cette monarchie était
impossible, je me suis rallié à la
république libérale et conservatrice. »

En prenant cette résolution, il faisait
à son patriotisme un véritable sacrifice;
car il n'ignorait pas que certains de ses
amis, royalistes déclarés, ne lui par-

donneraient point d'avoir fermé le retour à la monarchie.

La Constitution de 1875, pour faire contrepoids aux entraînements de la démocratie, avait cherché à maintenir dans le Sénat un élément traditionnel par la création de soixante-quinze sénateurs inamovibles.

C'était en même temps un moyen d'ouvrir la carrière politique aux supériorités que leurs travaux avaient éloignées de la vie publique.

Lavergne était désigné à cette haute dignité par ses lumières, par son caractère et par son passé politique.

Il fut élu sénateur inamovible par l'Assemblée nationale, le 13 décembre 1875.

Il remplit avec sa conscience ac-
coutumée le mandat dont il était in-
vesti.

Malheureusement la maladie dont il
souffrait et qui devait l'emporter, la
goutte héréditaire, faisait chaque jour
de nouveaux progrès et lui infligeait des
tortures inouïes.

Pour comble d'infortune, il eut la
douleur de perdre la compagne qui, par
ses soins attentifs et son zèle intelligent,
savait apporter quelque adoucissement
à ses maux.

Il a raconté lui-même en termes tou-
chants cette cruelle épreuve :

« Aussi courageuse que dévouée, ma
femme a partagé toutes mes vicissitudes
et m'a admirablement soigné dans mes

souffrances. J'ai eu la douleur de la perdre au mois de février 1876. Elle est morte à Alger, où j'ai eu la triste consolation d'assister à ses derniers moments.

« Depuis cette perte irréparable, je n'ai plus rien fait, je puis dire que je n'ai plus vécu. »

Les Chambres étant encore à Versailles, il ne pouvait songer à faire quotidiennement, comme beaucoup de ses collègues, le voyage de Paris.

Il s'était donc fixé à Versailles même ; il y avait acheté un hôtel, et, quand le mal lui laissait quelque répit, il se faisait traîner dans un fauteuil roulant jusqu'au Sénat.

S'il ne pouvait pénétrer dans la salle des séances, il s'arrêtait dans la galerie des bustes; on faisait cercle autour de lui, on l'interrogeait sur les questions du jour, on écoutait attentivement ses avis. Plusieurs fois même, les secrétaires du Sénat lui apportèrent les urnes pour recueillir son vote.

Ce rôle de politique consultant l'intéressait vivement et lui rendait pour un instant l'illusion de l'activité qu'il ne connaissait plus.

Mais il ne pouvait faire davantage.

Après le Seize-Mai, auquel il s'était montré hostile, les membres du nouveau cabinet choisi par le maréchal de Mac-Mahon ayant témoigné le désir de le voir siéger parmi eux, le maréchal lui offrit

le portefeuille de l'Agriculture et du
Commerce.

Lavergne lui fit répondre qu'il était
grandement honoré de son choix, mais
que l'état de sa santé ne lui permettait
pas d'accepter des fonctions militantes.

Il s'était vu dans la nécessité de laisser inachevés des travaux commencés
ou de renoncer à ceux qu'il médi-
tait. L'économie politique, l'agriculture, l'histoire lui offraient encore bien
des sujets inexplorés.

Il avait été tenté notamment d'écrire
une histoire de Louis XVI, et à cet effet
il avait rassemblé de nombreux documents.

Cependant ses forces déclinaient sans
que sa belle intelligence eût faibli un seul

jour. Il vit venir la mort avec la sérénité
d'un philosophe et la résignation d'un
chrétien. A vrai dire, elle était pour lui
une délivrance ; elle mettait un terme à
des souffrances intolérables que nul espoir de guérison ne pouvait conjurer.

Il succomba le 19 janvier 1880.

N'ayant point d'enfant, il crut pouvoir
disposer d'une partie de sa fortune au
profit des institutions agricoles dont il
était membre.

Il fit des legs importants à la Société
nationale d'agriculture et à la Société
des Agriculteurs de France, et un don
magnifique au département de la Creuse,
en souvenir de l'élection spontanée dont
il avait été l'objet.

L'œuvre de Lavergne, incomplète au point de vue politique puisqu'il ne lui a pas été permis de donner sa mesure, laisse pourtant transparaître ce qu'il faut penser de ses opinions et de son caractère.

C'était avant tout un libéral.

Non qu'il fût indifférent à la forme du gouvernement.

Il l'a proclamé lui-même, la monarchie constitutionnelle avait toutes ses préférences ; mais il estimait qu'on pouvait accepter un autre gouvernement, pourvu qu'il donnât au pays la liberté. C'était pour lui le premier besoin d'un peuple ; c'était la source de tous les biens dont s'honore à bon droit la civilisation moderne.

C'est pour cela qu'il avait applaudi sous le second Empire à la tentative de M. Émile Ollivier de fonder l'Empire libéral; c'est pour cela qu'en 1875 il avait donné son vote à l'établissement de la République, ce gouvernement devant, suivant lui, avoir pour essence même la liberté.

Et cette opinion était de sa part bien désintéressée.

Il n'était pas de ces hommes qui, sous prétexte de servir le pays, courtisent tous les gouvernements et masquent du dévouement à la chose publique les convoitises de leur ambition. Lavergne

n'a jamais rien demandé au pouvoir.
Les distinctions qu'il a obtenues, il les
tenait de son propre mérite soit par le
concours et l'élection de ses pairs, soit
par le libre suffrage de ses concitoyens.

Dans la science agricole, au contraire, il a laissé une trace profonde.

Il a été un vulgarisateur incomparable
de cette science; ses écrits en ont pro-
pagé le goût.

Mais il a fait plus, et c'est là l'originalité de son œuvre, il a appliqué à
l'agriculture les lois de l'économie politique, et c'est en ce sens que l'on a pu
dire qu'il était l'inventeur de l'économie rurale.

Elle existait avant lui; mais il en a
élargi le cadre en la rattachant aux ins-

titutions, aux mœurs, à la fortune, à l'existence même des nations.

Là encore il est resté fidèle à ses convictions en montrant que la prospérité agricole n'a pas de meilleur fondement que la liberté.

C'est cet amour de la liberté sous toutes ses formes qui donne à sa vie, aussi bien scientifique que politique, la plus belle unité.

Quelque temps après sa mort, un comité se réunit sous la présidence de J.-B. Dumas, le grand chimiste, et après lui, de Léon Say, dans le but d'honorer sa mémoire en lui élevant un monument.

Les souscriptions recueillies permirent l'érection d'une statue dont l'exé-

cution fut confiée aux mains d'un sculp-
teur de grand mérite, enlevé trop tôt à
l'art, Alfred Lanson.

Quand l'œuvre fut achevée, on se de-
manda où on la placerait.

Le lieu tout naturellement indiqué
pour recevoir l'image du grand économiste était Guéret, le chef-lieu du département où Lavergne avait passé ses
années les plus fécondes, qu'il avait représenté à l'Assemblée nationale et qu'il
avait enrichi de ses bienfaits.

Mais c'était compter sans les préjugés
du radicalisme.

Le Conseil municipal de Guéret refusa
le don qui lui était offert, sous le prétexte que Lavergne avait des opinions
réactionnaires.

En vain faisait-on observer que des républicains éprouvés, et à leur tète Martin Nadaud, l'ancien ouvrier maçon, celui-là même auquel la ville de Bourganeuf vient d'élever une statue, patronnaient la soucription et l'encourageaient de leurs derniers.

Rien n'y fit. La municipalité demeura obstinée dans son refus.

On avait accepté les libéralités de Lavergne, mais on ne voulait pas de sa statue.

C'est toujours l'histoire d'Aristide, avec cette différence que l'ostracisme ne s'appliquait pas à l'homme, mais à son image, ce qui, après tout, est un progrès.

En apprenant cette exclusion, Léon

Say se montra plus surpris que déçu :

« Ils n'en veulent pas à Guéret, dit-il, eh bien ! nous le garderons à Paris. »

C'est en effet dans la capitale, au milieu du jardin de l'Institut agronomique, restauré et agrandi, qu'a été érigée la statue proscrite par la Creuse.

Le gouvernement, moins exclusif que la municipalité de Guéret, ne craignit pas de s'associer à l'hommage rendu à la mémoire de Lavergne, et le jour de l'inauguration du monument, le ministre de l'Agriculture d'alors, M. Viette, radical, mais homme d'esprit, fit un délicat éloge de l'économiste, du professeur, de l'écrivain.

Léon Say avait raison ; encore que de la sorte le savant seul soit glorifié à

l'exclusion de l'homme politique, la
place de Lavergne est bien là où son
image a été dressée, au centre de cet
Institut agronomique dont il a été l'un
des fondateurs, au milieu de cette jeunesse laborieuse qu'il formait par son
enseignement à l'étude de la science
agricole, aux austères vertus de la vie
rurale, à l'amour de la Patrie !

PARIS

TYPOGRAPHIE PLON-NOURRIT ET Cie

8, rue Garancière.

www.ingramcontent.com/pod-product-compliance
Lightning Source LLC
Chambersburg PA
CBHW071957090426
42740CB00011B/1976